Steuer Check-up 2021

Die Ausführungen zum Jahressteuergesetz 2020 berücksichtigen den Stand des Regierungsentwurfs vom 2.9.2020 sowie der Beschlussempfehlungen des Bundesrats-Finanzausschusses vom 9.12.2020. Der Bundestag wird voraussichtlich am 16.12.2020 seinen erforderlichen Gesetzesbeschluss fassen. Die ebenfalls zu Redaktionsschluss noch ausstehende und für das Inkrafttreten u. a. noch erforderliche Zustimmung des Bundesrats ist für den 18.12.2020 vorgesehen.

Building a better working world

Steuer Check-up 2021

Autoren

Daniel Käshammer
Steuerberater, Partner

Dr. Andreas S. Bolik
Steuerberater, Associate Partner

Verona Franke
Rechtsanwältin, Steuerberaterin

Dr. Cornelia Kindler
Steuerberaterin

Haufe Group
Freiburg · München

Vorwort

Das abgelaufene Jahr 2020 ist geprägt von den Folgen der Corona-Pandemie, die nicht vor dem Steuerrecht Halt machten. Die Steuerpflichtigen sahen sich vor eine Vielzahl von neuen Herausforderungen gestellt. So mussten und müssen die Unternehmen etwa die temporäre Senkung der Mehrwertsteuersätze umsetzen. Umfangreiche steuerliche Maßnahmen zur Abmilderung der Folgen der Pandemie wurden kurzfristig verabschiedet. Exemplarisch seien etwa die Verbesserungen beim Verlustrücktrag, verlängerte Reinvestitionsfristen bei der 6b-EStG-Rücklage und beim Investitionsabzug nach 7g EStG, die Erhöhung der Forschungszulage oder der zeitlich begrenzte steuerfreie Corona-Bonus genannt.

Aus lohnsteuerlicher Sicht standen u.a. die Folgen der geänderten BFH-Rechtsprechung zum Zusätzlichkeitserfordernis im Blickpunkt, das für eine Vielzahl von lohnsteuerlichen Begünstigungen einzuhalten ist. Zunächst reagierte die Finanzverwaltung mit einem Nichtanwendungserlass und eigenen Kriterien. Mit dem Jahressteuergesetz 2020, das es noch in diesem Jahr über die Ziellinie schaffen soll, folgte die Reaktion des Gesetzgebers.

Zum Stocken kam die geplante Umsetzung der ATAD-Richtlinie. Nachdem bereits Ende 2019 ein entsprechender Referentenentwurf vorgelegt wurde, konnte sich bis zum Ende des Redaktionsschlusses (9.12.2020) nicht auf einen Regierungsentwurf geeinigt werden.

Dafür wartete das BMF Ende November mit einem Referentenentwurf zur Modernisierung des Abzugsteuerentlastungsverfahrens auf. Kernpunkte der Reform sind neben der Verschlankung des Entlastungsverfahrens u.a. die Neuausgestaltung der anti-treaty-shopping Vorschrift des § 50d Abs. 3 EStG, die insbesondere aus unionsrechtlichen Gründen nötig geworden war.

Mit dem vorliegenden Steuer Check-up 2021 wollen wir einen für die Praxis wichtigen Überblick über die steuerlichen Änderungen des abgelaufenen Jahres leisten, die Auswirkungen auf den ablaufenden Veranlagungszeitraum 2020 bzw. vorausschauend auf nachfolgende Veranlagungszeiträume haben. Aufgrund der Vielzahl der steuerlichen Neuerungen kann dieser Überblick keinen Anspruch auf Vollständigkeit haben und auch eine sorgfältige Prüfung im Einzelfall nicht ersetzen.

Wie in den Vorjahren ist auch der vorliegende Steuer Check-up wieder eine echte Teamleistung – Dank gilt allen direkt und indirekt Mitwirkenden für ihre engagierte und wertvolle Unterstützung!

Vor dem Steuer Check-up können Sie vorab Ihr Wissen zu ausgewählten Neuerungen in einem Online-Quiz testen. Außerdem können Sie sich die elektronische Variante des Steuer Check-up 2021 auch kostenfrei als e-PDF herunterladen.

Das **e-PDF** und der Zugang zum **Experten-Quiz** stehen auf der Abrufseite https://ebook.haufe.de/code/SteuerCheckUp2021 für Sie bereit (falls Sie nach einem Code gefragt werden: SteuerCheckUp2021).

Bewahren Sie steuerlich den Überblick mit dem Steuer-Check-up 2021!

Freiburg, Stuttgart, Eschborn, Berlin   Die Autoren

Inhalt

Steuerrückblick

1 Das betrifft alle Steuerpflichtigen

1.1 Erhöhung Grundfreibetrag und Kinderfreibetrag

Durch das Familienentlastungsgesetz (BStBl 2018 I S. 1374) wurde mit Wirkung ab dem VZ 2020 der einkommensteuerliche **Grundfreibetrag** (§ 32a EStG) auf **9.408 EUR** angehoben (von 9.168 EUR im VZ 2019).

Der **Kinderfreibetrag** beträgt im VZ 2020 **2.586 EUR** pro Elternteil. Flankierend erfolgte eine Anpassung der Bemessungsgrundlagen für die Zuschlagsteuern (§ 51a Abs. 2a Satz 1 EStG, § 3 Abs. 2a Satz 1 SolZG).

Hinweis

Zum Ausgleich der Corona-Folgen wurde in 2020 ein einmaliger Zuschlag zum Kindergeld in Höhe von 300 EUR ausgezahlt. Dieser durch das Zweite Corona-Steuerhilfegesetz v. 29.6.2020 (BGBl 2020 I S. 1512) eingeführte einmalige **Kinderbonus** ist auf den Kinderfreibetrag 2020 entsprechend anzurechnen. Er wird dabei nicht auf Sozialleistungen angerechnet (§ 31 Satz 4 EStG; § 66 Abs. 1 Satz 2 EStG i. V. m. § 6 Abs. 3 BKGG). Zur Höhe des Kindergelds im VZ 2021 vgl. Kapitel Ausblick Tz. 1.1.

Zunächst befristet auf zwei Jahre wurde der **Entlastungsbetrag für Alleinerziehende** durch das Zweite Corona-Steuerhilfegesetz um 2.100 EUR für die Jahre 2020 und 2021 angehoben und beträgt damit 4.008 EUR (§ 24b Abs. 2 Satz 3 EStG). Im Jahressteuergesetz 2020 ist eine Entfristung dieser Erhöhung vorgesehen, d. h. der Entlastungsbetrag für Alleinerziehende beträgt auch vom VZ 2022 an 4.008 EUR. Der in § 24b Abs. 2 Satz 2 EStG geregelte Erhöhungsbetrag i. H. v. 240 EUR pro weiteres Kind bleibt unberührt.

Hinweis

Durch eine Ergänzung in § 39a Abs. 1 Satz 1 Nr. 4a EStG kann der erhöhte Entlastungsbetrag für Alleinerziehende ebenso wie der Erhöhungsbetrag auf Antrag als **Freibetrag im Lohnsteuerabzugsverfahren** berücksichtigt werden. Der Antrag kann beim zuständigen Wohnsitzfinanzamt gestellt werden und besitzt zweijährige Gültigkeit für die Jahre 2020 und 2021 (§ 39a Abs. 1 Satz 2 EStG). Laut § 39a Abs. 1 Satz 1 Nr. 4a zweiter Halbsatz EStG kann für den neuen Erhöhungsbetrag nach § 24b Abs. 2 Satz 3 EStG auch ohne Antrag des Arbeitnehmers durch das Finanzamt ein Freibetrag ermittelt werden. Soweit der Freibetrag nicht beim Lohnsteuerabzug berücksichtigt wird, erfolgt die steuerliche Entlastung über die Veranlagung zur Einkommensteuer.

1.2 Höhe der Nachzahlungszinsen

Die verfassungsrechtliche Frage hinsichtlich der Höhe des Zinssatzes nach § 238 AO (Nachzahlungszinsen) liegt immer noch beim BVerfG. Auch in 2020 ist bisher (bis zum Redaktionsschluss 9.12.2020) noch keine Entscheidung durch das BVerfG getroffen worden (s. anhängige Verfahren unter 1 BvR 2237/14 für Verzinsungszeiträume nach 31.12.2009 und 1 BvR 2422/17 für Verzinsungszeiträume nach 31.12.2011).

Nachdem der BFH schwerwiegende verfassungsrechtliche Zweifel an der Höhe des Zinssatzes nach § 238 AO auch für Verzinsungszeiträume ab 2012 äußerte, gewährt die Finanzverwaltung **Aussetzung der Vollziehung** (AdV) auf Antrag des Zinsschuldners bereits für Verzinsungszeiträume **ab 1.1.2012** in allen Fällen, in denen gegen eine vollziehbare Zinsfestsetzung (unter Zugrundelegung des Zinssatzes nach § 238 Abs. 1 Satz 1 AO) **Einspruch eingelegt** wurde (vgl. BMF, Schreiben v. 27.11.2019, BStBl 2019 I S. 1266 in Reaktion auf den BFH-Beschluss v. 4.7.2019, VIII B 128/18, BFH/NV 2019 S. 1060). Zuvor wurde die AdV nur für Verzinsungszeiträume ab 1.4.2012 gewährt (BMF, Schreiben v. 14.12.2018, BStBl 2018 I S. 1393).

Seit dem BMF-Schreiben v. 2.5.2019 (BStBl 2019 I S. 448) nimmt die Finanzverwaltung Zinsfestsetzungen im Hinblick auf die Zinssatzhöhe (auch hinsichtlich der Festsetzung von Erstattungszinsen) regelmäßig nur noch vorläufig vor.

1.3 Auslegung von Einspruchsschreiben

Laut BFH können für die Auslegung eines Einspruchsbegehrens grundsätzlich auch **nachträglich angeführte Begründungen** des Steuerpflichtigen herangezogen werden (BFH, Urteil v. 29.10.2019, IX R 4/19, BStBl 2020 II S. 368). Ein Einspruch, der lediglich unter der Bescheidüberschrift „Bescheid für 2015 über Einkommensteuer, Kirchensteuer und Soli" (fristwahrend) eingelegt wurde, sei grundsätzlich auslegungsbedürftig, wenn in dem gleichen Bescheid auch „Zinsen" (§ 233a AO) festgesetzt worden sind (verbundene Verwaltungsakte), die in der o.g. Überschrift nicht erwähnt waren.

Umstände für den anfänglichen Willen, der für die Auslegung des Einspruchs und das Begehren des Steuerpflichtigen ausschlaggebend war, können sich aber grundsätzlich auch aus einer später angeführten Begründung ergeben, soweit diese Ausführungen einen Schluss auf den früheren Willen zulassen. Ein nachträglich gebildeter Wille führe nicht zur Ausweitung des Einspruchsschreibens, wenn dieser Bescheid bereits in Bestandskraft erwachsen ist.

Hinweis

Der BFH legte zwar bei der Auslegung von Rechtsbehelfsschreiben grundsätzlich einen weiten Auslegungsmaßstab an. Insbesondere bei zunächst nur fristwahrend eingelegten Einspruchsschreiben sollte jedoch der bzw. die angefochtene(n) Verwaltungsakt(e) so exakt wie möglich bezeichnet werden.

1.4 Sonderausgaben

1.4.1 Ungleichbehandlung von Erst- und Zweitstudium verfassungsgemäß

Aufwendungen für die erstmalige Berufsausbildung oder für ein Erststudium (z.B. Bachelorstudium) können gem. § 10 Abs. 1 Nr. 7 EStG bis zu einer Höhe von jährlich 6.000 EUR (bis einschließlich VZ 2011 in Höhe von 4.000 EUR) als Sonderausgaben in der Einkommensteuererklärung geltend gemacht werden. Nach § 9 Abs. 6 EStG sind Aufwendungen für die Erstausbildung grundsätzlich vom Werbungskostenabzug ausgenommen. Aufwendungen für weitere Ausbildungen, etwa aus einem Zweitstudium, das der Erstausbildung folgt (z.B. Masterstudium), sind hingegen als Werbungskosten abzugsfähig.

Diese im Unterschied zu den Kosten eines Zweitstudiums vorzunehmende Einordnung der Kosten der erstmaligen Berufsausbildung bzw. Erststudium als Sonderausgaben und nicht als Werbungskosten verstößt laut BVerfG nicht gegen das Grundgesetz (BVerfG, Beschluss v. 19.11.2019, 2 BvL 22/14, 2 BvL 27/14, 2 BvL 26/14, 2 BvL 25/14, 2 BvL 24/14, 2 BvL 23/14, BFH/NV 2020 S. 334 ff.).

Hinweis

Aufgrund der besonderen Nähe der Erstausbildung oder des Erststudiums zur Persönlichkeitsentwicklung durfte der Gesetzgeber die Aufwendungen als privat (mit-)veranlasst qualifizieren und als Kosten der Lebensführung den Sonderausgaben zuordnen. Auch die Begrenzung des Sonderausgabenabzugs für Erstausbildungskosten auf einen Höchstbetrag von 4.000 EUR in den Streitjahren (jetzige Rechtslage 6.000 EUR) beanstandete das BVerfG nicht.

Dem BVerfG folgend, versagt auch der BFH den Werbungskostenabzug für Aufwendungen eines Erststudiums nach § 9 Abs. 6 EStG i.d.F. des BeitrRLumsG, wenn das Erststudium nicht im Rahmen eines Dienstverhältnisses stattfindet (BFH, Urteil v. 12.2.2020, VI R 17/20, vormals VI R 64/12).

1.4.2 Behandlung von Bonuszahlungen der Krankenkassen

Die von einer gesetzlichen Krankenkasse gewährte Geldprämie (Bonus) für gesundheitsbewusstes Verhalten mindert laut BFH nicht den Sonderausgabenabzug für Krankenversicherungsbeiträge, sofern hierdurch ein **finanzieller Aufwand** des Steuerpflichtigen ganz oder teilweise **ausgeglichen** wird (BFH, Urteil v. 6.5.2020, X R 16/18). Dies gelte auch in den Fällen, in denen der **Bonus pauschal** ermittelt wird. Dem Urteilssachverhalt lagen Boni eines gesetzlich krankenversicherten Klägers für „gesundheitsbewusstes Verhalten“ zugrunde, u.a. für einen Gesundheits-Check-up, eine Zahnvorsorgeuntersuchung, die Mitgliedschaft in einem Fitness-Studio und Sportverein sowie für den Nachweis eines gesunden Körpergewichts. Zudem lösten die Boni als sonstige Einkünfte keine steuerliche Belastung aus.

Der BFH widersprach damit der Finanzverwaltung, die die Boni wegen derer rein pauschaler Zahlung als Erstattung von Krankenversicherungsbeiträgen behandelte und den Sonderausgabenabzug minderte.

Hinweis

Der BFH weist aber darauf hin, dass die jeweils geförderte Maßnahme beim Steuerpflichtigen Kosten auslösen muss und die hierfür gezahlte Pauschale geeignet sein muss, den **eigenen Aufwand** ganz oder teilweise **auszugleichen**. Werden dagegen Vorsorgemaßnahmen in Anspruch genommen, die vom Basiskrankenversicherungsschutz umfasst sind (z.B. Schutzimpfungen, Zahnvorsorge), fehle es an eigenem Aufwand, der durch einen Bonus kompensiert werden könnte. Dann liegt laut BFH eine den Sonderausgabenabzug mindernde Beitragserstattung der Krankenkasse vor. Gleiches soll insoweit für Boni gelten, die für den Nachweis eines aufwandsunabhängigen Verhaltens oder Unterlassens (z.B. gesundes Körpergewicht, Nichtraucherstatus) gezahlt werden.

1.5 Förderung der energetischen Gebäudesanierung

Energetische Sanierungsmaßnahmen an Gebäuden, die **eigenen Wohnzwecken** dienen, werden ab dem 1.1.2020 und befristet bis Ende 2029 steuerlich gefördert. Auf Antrag ermäßigt sich die tarifliche Einkommensteuer um 20 % der entsprechenden Investitionssumme, wenn der Antragsteller durch Bescheinigung des ausführenden Fachunternehmens nachweist, dass die Voraussetzungen des § 35c Abs. 1 Sätze 1 bis 3 EStG sowie die Anforderungen nach der Verordnung zur Bestimmung von Mindestanforderungen für energetische Maßnahmen bei zu eigenen Wohnzwecken genutzten Gebäuden nach § 35c EStG erfüllt sind. Entsprechende **Musterbescheinigungen** für Fachunternehmen gem. § 35c Abs. 1 Satz 7 EStG und für Personen mit Ausstellungsberechtigung nach § 21 EnEV hat das BMF mit Schreiben v. 31.3.2020 (BStBl 2020 I S. 484) veröffentlicht. Darin erläutert die Finanzverwaltung auch einzelne Anforderungen, wie etwa bei den Bescheinigungen für Wohnungseigentümergemeinschaften oder bei unterschiedlicher Nutzung einzelner Gebäudeteile in einem Gebäude.

Hinweis

Die Bescheinigung des ausführenden Fachunternehmens darf dem Steuerpflichtigen auch in elektronischer Form (z. B. per E-Mail) übermittelt werden.

Sofern die Höhe der Aufwendungen in der ursprünglichen Bescheinigung unzutreffend angegeben ist, kann der Aussteller entweder eine berichtigte (neue) Bescheinigung ausstellen oder eine ergänzende Bescheinigung nacherstellen, die nur den Unterschiedsbetrag zwischen der bisher bescheinigten und der zutreffenden Kostenhöhe ausweist.

1.6 Coronabedingte Maßnahmen

Zur Eindämmung der Folgen der Corona-Pandemie haben der Gesetzgeber und das BMF umfangreiche Maßnahmen erlassen. Nachfolgend werden wesentliche Änderungen dargestellt, wobei auch ergänzend auf Ausführungen in den je nach Adressaten individualisierten Abschnitten verwiesen wird.

1.6.1 Stundungs- und Vollstreckungsverzichtsmaßnahmen

Mit BMF-Schreiben sowie Gleichlautenden Ländererlassen v. 19.3.2020 veröffentlichte die Finanzverwaltung verschiedene Maßnahmen zu einem liquiditätsschonenden Steuervollzug, die Steuerzahler, die durch die Corona-Krise unmittelbar und nicht unerhebliche wirtschaftliche Schäden erleiden (sog. Corona-Krise-Betroffene), mit konkreten steuerlichen Erleichterungen unterstützen.

So können bis zum 31.12.2020 Anträge auf **Stundung** der bis zu diesem Zeitpunkt bereits fälligen oder fällig werdenden Einkommen-, Körperschaft- und Umsatzsteuer sowie Anträge auf **Anpassung der Vorauszahlungen** auf die Einkommen- und Körperschaftsteuer gestellt werden. An die Voraussetzungen für Stundungen sowie den Nachweis der entstandenen Schäden durch unmittelbare und nicht unerhebliche Krisenbetroffenheit sind keine strengen Anforderungen zu stellen. Auf die Erhebung von Stundungszinsen verzichtet die Finanzverwaltung in der Regel (BMF, Schreiben v. 19.3.2020, BStBl 2020 I S. 262).

Hinsichtlich der Gewerbesteuer können betroffene Steuerpflichtige bis zum 31.12.2020 unter Darlegung ihrer Verhältnisse Anträge auf Herabsetzung des Gewerbesteuermessbetrags für Zwecke der Vorauszahlungen stellen (Koordinierter Ländererlass v. 19.3.2020, G 1460, BStBl 2020 I S. 281). Bei der Festsetzung der Gewerbesteuer-Vorauszahlungen ist die betreffende Gemeinde dann an die vorgenommene Festsetzung des Gewerbesteuermessbetrages gebunden (§ 19 Abs. 3 Satz 4 GewStG).

Von **Vollstreckungsmaßnahmen** soll bis zum 31.12.2020 bei rückständigen oder bis zu diesem Zeitpunkt fällig werdenden Steuern abgesehen werden, soweit der Vollstreckungsschuldner seine Krisenbetroffenheit mitteilt oder diese dem Finanzamt anderweitig bekannt wird. Alle ab dem 19.3.2020 bis zum 31.12.2020 verwirkten Säumniszuschläge für diese Steuern sind zu erlassen.

Hinweis

Anträge auf Stundung der nach dem 31.12.2020 fälligen Steuern sowie Anträge auf Anpassung der Vorauszahlungen, die nur Zeiträume nach dem 31.12.2020 betreffen, sind besonders zu begründen (BMF, Schreiben v. 19.3.2020, BStBl 2020 I S. 262).

Am 4.12.2020 hat das BMF auf seiner Homepage angekündigt, dass Steuerpflichtige, die durch die Corona-Krise unmittelbar und nicht unerheblich negativ wirtschaftlich betroffen sind, bei ihrem Finanzamt bis zum 31.3.2021 einen **Antrag auf (Anschluss-)Stundung** grundsätzlich aller Steuern im Rahmen eines vereinfachten Verfahrens stellen können. Die Stundungen sollen dann längstens bis zum 30.6.2021 laufen.

Ebenfalls kündigte das BMF eine **Verlängerung der Abgabefrist der Steuererklärungen 2019** für durch Steuerberater erstellte Steuererklärungen auf den 31.3.2021 an. Beide Verlängerungen sollen durch BMF-Schreiben umgesetzt werden, die jedoch zum Redaktionsschluss noch nicht vorlagen.

Hinweis

Ein coronabedingter Stundungs- und Vollstreckungsverzicht betrifft das Steuererhebungs- und Vollstreckungsverfahren und damit die Veranlagungsinhalte grundsätzlich nicht.

Finanzhilfen im Rahmen der jeweiligen Hilfsprogramme enthalten übereinstimmend ertragssteuerrechtliche Hinweise, wonach „... die bezogenen Billigkeitsleistungen steuerbar und nach den allgemeinen steuerrechtlichen Regelungen im Rahmen der Gewinnermittlung zu berücksichtigen sind. (...) Für Zwecke der

Festsetzung von Vorauszahlungen für das Jahr 2020 sind die Finanzhilfen nicht zu berücksichtigen.“ Die Finanzhilfen sind demnach ertragsteuerlich als steuerpflichtige Betriebseinnahmen zu erfassen. Darauf weist das LfSt Bayern in einer Bekanntmachung v. 31.7.2020 (S 2143.2.1-10/3 St32) hin.

Das BMF hat mit Schreiben v. 16.9.2020 die Anlage EÜR 2020 bekannt gegeben. Diese weist in einer eigenen Zeile ebenso auf die Steuerpflicht der Unterstützungsleistungen hin. Zudem ist eine eigene Zeile für die Rückzahlung von Soforthilfen vorgesehen.

1.6.2 Aufhebung von Vollstreckungsmaßnahmen

Aus dem BMF-Schreiben v. 19.3.2020 (Steuerliche Maßnahmen zur Berücksichtigung der Auswirkungen des Coronavirus COVID-19/SARS-CoV-2, BStBl 2020 I S. 262) ergibt sich für den BFH keine Verpflichtung der Finanzbehörde, bereits vor dem 19.3.2020 durchgeführte Vollstreckungsmaßnahmen wieder aufzuheben. Danach kann der Steuerpflichtige allenfalls Rechtsschutz nach den allgemeinen Regeln ersuchen (BFH, Beschluss v. 30.7.2020, VII B 73/20, BFH/NV 2020 S. 1299).

Hinweis

Der Sachverhalt betraf ein in der EU ansässiges Unternehmen. Der BFH stellte aber klar, dass die oben genannten Erwägungen gleichermaßen für inländische Sachverhalte gelten. Der Beschluss ist in einem einstweiligen Rechtsschutzverfahren ergangen. Der Ausgang der Hauptsache ist abzuwarten.

1.6.3 Verbesserungen beim Verlustrücktrag

Durch das Zweite Corona-Steuerhilfegesetz v. 29.6.2020 (BGBl 2020 I S. 1512) wird der steuerliche Verlustrücktrag (§ 10d Abs. 1 Satz 1 EStG) für die Jahre 2020 und 2021 von bisher 1 Mio. EUR (bzw. 2 Mio. EUR bei Zusammenveranlagung) auf maximal 5 Mio. EUR (bzw. 10 Mio. EUR) erweitert. Der Rücktragszeitraum bleibt auf ein Jahr begrenzt.

Die Erhöhung der **Höchstbetragsgrenzen** beim Verlustrücktrag kann bereits (auf Antrag) durch Anpassung der Steuervorauszahlungen für den Veranlagungszeitraum 2019 berücksichtigt werden (§ 110 Abs. 1 Satz 1 EStG). Aus der Corona-Krise resultierende Verluste können über eine nachträgliche Herabsetzung und damit (teilweise) Erstattung der Vorauszahlungen für 2019 genutzt werden. Dies ist pauschal für 30 % des für 2019 zu Grunde gelegten Gesamtbetrags der Einkünfte (ohne Einkünfte aus nichtselbstständiger Arbeit) zulässig und betraglich auf die Höhe des (erhöhten) Verlustrücktrags gedeckelt (§ 110 Abs. 1 Sätze 1 und 2 sowie Abs. 3 EStG). Der Steuerpflichtige hat aber auch die Möglichkeit, im Einzelfall unter Einreichung detaillierter Unterlagen (z. B. betriebswirtschaftliche Auswertungen) einen höheren rücktragsfähigen Verlust darzulegen (§ 110 Abs. 2 EStG). Der pauschale Verlustrücktrag tritt an die Stelle des pauschalierten Verlustrücktrags nach dem BMF-Schreiben v. 24.4.2020 (BStBl 2020 I S. 496), das mit Inkrafttreten des Zweiten Corona-Steuerhilfegesetzes aufgehoben wurde.

Voraussetzung für einen Antrag auf Anpassung der Vorauszahlungen für 2019 ist, dass die Vorauszahlungen für 2020 auf Null herabgesetzt wurden (§ 110 Abs. 1 Satz 3 EStG). Führt die Herabsetzung von Vorauszahlungen für den Veranlagungszeitraum 2019 aufgrund eines voraussichtlich erwarteten Verlustrücktrags für 2020 zu einer Nachzahlung bei der Steuerfestsetzung für den Veranlagungszeitraum 2019, so kann dieser Betrag auf Antrag des Steuerpflichtigen zinslos gestundet werden (§ 111 Abs. 4 EStG). Die Stundung ist befristet bis spätestens einen Monat nach Bekanntgabe des Steuerbescheids für den Veranlagungszeitraum 2020.

Hinweis

Für die Inanspruchnahme des vorläufigen Verlustrücktrags ist die Abgabe einer Einkommensteuererklärung für den Veranlagungszeitraum 2020 notwendig (§ 111 Abs. 5 EStG). Eine Anpassung hinsichtlich der Nutzung von gewerbesteuerlichen Verlusten enthält das Gesetz nicht.

1.6.4 Konsultationsvereinbarungen für Grenzpendler

Die unterschiedlichen von den Staaten getroffenen Maßnahmen zur Eindämmung der Corona-Infektionen hat u. a. auch Auswirkungen auf die Behandlung von Grenzgängern, die coronabedingt im Homeoffice in ihrem Ansässigkeitsstaat arbeiten mussten/müssen. Das BMF hat mit Österreich, den Niederlanden, Belgien Luxemburg, der Schweiz und Frankreich verschiedene Konsultationsvereinbarungen hinsichtlich der steuerlichen Beurteilung von Covid-19-bedingten Homeoffice-Tätigkeiten von Grenzpendlern abgeschlossen (s. zuletzt BStBl 2020 I S. 868 für Belgien).

Hinweis

Die jeweiligen Konsultationsvereinbarungen gelten zunächst grundsätzlich bis 31.12.2020, wobei die einzelnen Vereinbarungen unterschiedliche Regelungen zur möglichen Verlängerung bzw. Kündigungsmöglichkeiten vorsehen.

1.6.5 Spenden- und Zuwendungserleichterungen

Mit Schreiben v. 9.4.2020 (BStBl 2020 I S. 498) hat das BMF Erleichterungen zur Förderung der Hilfe für von der Corona-Krise Betroffene erlassen. Das Schreiben enthält u.a. Vorgaben für einen vereinfachten Spendennachweis, die Behandlung von Spendenaktionen und Maßnahmen von steuerbegünstigten Körperschaften zur Förderung der Hilfe für von der Corona-Krise Betroffene sowie Ausführungen zu den für steuerbegünstigte Körperschaften wichtigen Bereich der Mittelverwendung.

Hinweis

Bezüglich der Mittelverwendung legt das BMF fest, dass bei der Aufstockung von Kurzarbeitergeld durch die erwähnten steuerbegünstigten Organisationen für ihre eigenen Beschäftigten bis zu einer Höhe von 80 % des bisherigen Entgelts weder die Mittelverwendung für satzungsmäßige Zwecke noch die Marktüblichkeit und die Angemessenheit der Aufstockung geprüft werden, wenn die Aufstockung einheitlich für alle Arbeitnehmer erfolgt. Mit Schreiben v. 26.5.2020 (BStBl 2020 I S. 543) ergänzte das BMF sein Schreiben v. 9.4.2020 in Abschn. VIII.2.

Hinweis

Das Schreiben äußert sich darüber hinaus auch zu den Folgen von Corona-bedingten Zuwendungen aus dem Betriebsvermögen (bspw. in Form von Zuwendungen als Sponsoring-Maßnahme), der Behandlung von sog. Arbeitslohnspenden und dem Verzicht von Aufsichtsratsmitgliedern auf ihre Aufsichtsratsvergütung.

1.7 Verfassungsmäßigkeit des Solidaritätszuschlags

Das FG Nürnberg hält die Erhebung des Solidaritätszuschlags im Jahr 2020 nicht für verfassungswidrig (Urteil v. 29.7.2020, 3 K 1098/19). Es teilt nicht das Argument, dass mit dem Auslaufen des Solidarpakts II „automatisch" auch der Solidaritätszuschlag seine Berechtigung verliert. Das FG wies daher eine mit Unterstützung des Bunds der Steuerzahler gegen die Ablehnung von Anträgen auf Herabsetzung der Vorauszahlungen zum Solidaritätszuschlag für die Jahre 2020 und 2021 geführte Klage zurück.

Nach Auffassung des Gerichts bestehen auch keine verfassungsrechtlichen Bedenken in Bezug auf das Gesetz zur Rückführung des Solidaritätszuschlags 1995 vom 10.12.2019, mit dem ab VZ 2021 die Erhebung des Solidaritätszuschlags in einem ersten Entlastungsschritt zu Gunsten niedrigerer und mittlerer Einkommen gemindert wird (vgl. dazu Kapitel Ausblick Tz. 1.2). Im Umstand, dass die Körperschaften nicht in die Abschmelzung des Solidaritätszuschlags ab 2021 einbezogen sind, sieht das FG keine Verletzung des Gleichheitssatzes, weil Körperschaft- und Einkommensteuersubjekte ohnehin nicht gleichbehandelt werden.

Hinweis

Wegen seiner fehlenden Überzeugung von der Verfassungswidrigkeit sah das FG auch keine Veranlassung, die Frage dem BVerfG vorzulegen. Allerdings hat es die Revision beim BFH zugelassen (Az. des BFH: IX R 15/20). Beim BVerfG ist gegen die Fortführung des Solidaritätszuschlags eine Verfassungsbeschwerde anhängig (Az. 2 BvR 1505/20). Betroffene Steuerpflichtige sollten daher vor dem Hintergrund der verfassungsrechtlichen Überprüfung Solidaritätszuschlags-Festsetzungen offenhalten. Mit Beschluss v. 16.9.2020 (3 V 452/20) hat das FG Nürnberg einen Antrag auf Aussetzung der Vollziehung eines Vorauszahlungsbescheids über Solidaritätszuschlag zur Einkommensteuer für das erste Quartal 2020 abgelehnt.

2 Änderungen für Unternehmen

2.1 Steuerbilanzrecht

2.1.1 Aktualisierte E-Bilanz-Taxonomien

Mit BMF-Schreiben v. 23.7.2020 (BStBl 2020 I S. 639) wurden die aktualisierten Taxonomien Version 6.4 für die E-Bilanz (§ 5b EStG) veröffentlicht. Diese sind grundsätzlich für die Bilanzen der Wirtschaftsjahre zu verwenden, die nach dem 31.12.2020 beginnen (Wirtschaftsjahr 2021 oder 2021/2022), es wird aber auch nicht beanstandet, wenn diese auch für das Wirtschaftsjahr 2020 oder 2020/2021 verwendet werden. U. a. wird der Berichtsteil **„steuerlicher Betriebsvermögensvergleich"** in den betreffenden Taxonomie-Positionen als **Mussfelder** ausgezeichnet.

Hinweis

Die aktualisierten Taxonomien stehen unter www.esteuer.de zur Ansicht und zum Abruf bereit. Das BMF weist darauf hin, dass die Übermittlungsmöglichkeit mit diesen neuen Taxonomien für Testfälle voraussichtlich ab November 2020 und für Echtfälle ab Mai 2021 gegeben sein wird.

2.1.2 Heubeck-Anpassungen bei Pensionsneuzusagen

Laut einem nachträglich vom BFH veröffentlichten Beschluss aus 2016 findet die Verteilungsregelung des § 6a Abs. 4 Satz 2 EStG keine Anwendung, wenn eine Pensionszusage im Jahr der erstmaligen Veröffentlichung neuer Heubeck-Richttafeln erteilt und gleichzeitig auch erstmalig eine Pensionsrückstellung gebildet wird (BFH, Beschluss v. 13.2.2019, XI R 34/16, BStBl 2020 II S. 2). Darauf reagierte das BMF und fasste die Randnummern 5 der BMF-Schreiben v. 19.10.2018 und 16.12.2005 entsprechend neu (BMF, Schreiben v. 17.12.2019, BStBl 2020 I S. 82).

Die Verteilungsregelung gilt damit nicht für Versorgungszusagen, die im jeweiligen Übergangsjahr auf die „Heubeck-Richttafeln 2018 G" erteilt wurden. Die entsprechenden **Pensionsrückstellungen** sind somit zum Schluss des betreffenden Wirtschaftsjahres in Höhe der Teilwerte unter Zugrundelegung der **„Heubeck-Richttafeln 2018 G"** anzusetzen.

Hinweis

Die angepasste Verwaltungsauffassung ist in allen noch offenen Fällen anzuwenden. Die Finanzverwaltung beanstandet es aber nicht, wenn der Steuerpflichtige die drei-Jahres-Verteilungsregelung des § 6a Abs. 4 Satz 2 EStG entsprechend dem bisherigen BMF-Schreiben v. 19.10.2018 bei der Bewertung der Pensionsrückstellung berücksichtigt. Dies darf dann nur einheitlich für alle entsprechende Versorgungszusagen geschehen.

2.1.3 Neue Pauschalwerte für Jubiläumsrückstellungen (Heubeck)

Die Bewertung von Rückstellungen für Zuwendungen anlässlich eines Dienstjubiläums erfolgt entweder nach anerkannten Regeln der Versicherungsmathematik oder nach dem Pauschalwertverfahren (BMF, Schreiben v. 8.12.2008, BStBl 2008 I S. 1013). Für das Pauschalwertverfahren wurden die Werte an die neuen biometrischen Richttafeln 2018 (Heubeck-Richttafeln 2018 G) angepasst (BMF, Schreiben v. 27.2.2020, BStBl 2020 I S. 254).

Hinweis

Die neuen Werte sind spätestens für Wirtschaftsjahre, die nach dem 29.6.2020 und frühestens für Wirtschaftsjahre, die nach dem 20.7.2018 enden, anzuwenden.

2.1.4 Pensionsrückstellung – Ausgleichsposten im Sondervermögen

Das FG Baden-Württemberg äußerte sich im Rahmen eines **Formwechsels** von einer GmbH in eine GbR zu den Auswirkungen einer bei der GmbH für ihren angestellten beherrschenden Gesellschafter passivierten Pensionsrückstellung. Laut FG war für die in der Gesamthandsbilanz passivierte Pensionsrückstellung in der Sonderbilanz des Gesellschafters kein Ausgleichsposten zu erfassen, der damit insoweit auch nicht zu einem Übernahmefolgegewinn hätte führen können (Urteil v. 16.12.2019, 8 K 892/16).

Das FG lehnt die Bildung eines **Ausgleichspostens**, der die **Anwartschaft** eines mitunternehmerischen Gesellschafters in seiner Sonderbilanz zum Ausdruck bringt, ab, da der (nun) Mitunternehmer seinen Anspruch nicht im Dienst einer Mitunternehmerschaft erdient hatte. Das FG widerspricht damit der Finanzverwaltung.

In der steuerlichen Übertragungsbilanz der abgebenden GmbH wurde die Pensionsrückstellung zutreffend mit ihrem Teilwert nach § 6a Abs. 3 Satz 2 Nr. 1 EStG angesetzt. In der Übernahmebilanz der GbR ist die in der steuerlichen Schlussbilanz der GmbH enthaltene Rückstellung zu übernehmen. Für das FG kommt es nicht entscheidend auf die Tätigkeit des Geschäftsführers als „Arbeitnehmer" an, die mit dem Formwechsel in die GbR endete, denn auch die mitunternehmerische Tätigkeit für die GbR kann hier als „Dienstverhältnis" i. S. des § 6a EStG gewertet werden.

Hinweis

Auch für den umgekehrten Fall, also einer Umwandlung einer Personengesellschaft in eine Kapitalgesellschaft, sieht das FG keinen Anlass für eine Berücksichtigung zusätzlichen Aufwands. Abzuwarten bleibt, wie sich der BFH zu diesem Fall äußert (Revision anhängig unter dem Az. VIII R 17/20).

2.1.5 Pensionsrückstellung beim Alleingesellschafter-Geschäftsführer

Durch Entgeltumwandlung finanzierte Pensionsverpflichtungen sind grundsätzlich mindestens mit dem (regelmäßig höheren) **Barwert der unverfallbaren künftigen Pensionsleistungen** am Schluss des Wirtschaftsjahres anzusetzen (sog. Teilwert-/Barwertvergleich, § 6a Abs. 3 Satz 2 Nr. 1 Satz 1 Halbsatz 2 EStG). Nach dem Wortlaut der Norm ist eine Entgeltumwandlung i. S. des § 1 Abs. 2 Betriebsrentengesetzes (BetrAVG) erforderlich. Laut BFH gilt diese Norm über ihren Wortlaut hinaus nicht für Alleingesellschafter-Geschäftsführer, deren Pensionsansprüche aufgrund vertraglicher Vereinbarungen unverfallbar sind (BFH, Urteil v. 27.5.2020, XI R 9/19, BFH/NV 2020 S. 1375).

Hinweis

Damit folgte der BFH der Ansicht der Finanzverwaltung (vgl. R 6a Abs. 12 Satz 4 EStR). Die darin liegende Bevorzugung von Pensionsrückstellungen für Arbeitnehmer i. S. des BetrAVG beanstandete der BFH aus verfassungsrechtlichen Gründen nicht.

2.1.6 Ungewisse Verbindlichkeiten: Deckelung auf handelsrechtlichen Rückstellungswert

Der BFH hat die Auffassung der Finanzverwaltung bestätigt, dass Rückstellungen für ungewisse Verbindlichkeiten in der Steuerbilanz **höchstens mit ihrem handelsrechtlich zulässigen Wert** anzusetzen sind (Urteil v. 20.11.2019, XI R 46/17, BStBl 2020 II S. 195). Aus der Einleitungsformulierung „höchstens insbesondere" des § 6 Abs. 1 Nr. 3a EStG ergebe sich keine Durchbrechung der Maßgeblichkeit. Die Anwendbarkeit handelsrechtlicher Vorschriften im Rahmen des **Maßgeblichkeitsprinzips** nach § 5 Abs. 1 Satz 1 EStG werde nicht per se durch eine speziellere steuerrechtliche Norm ausgeschlossen. Daran ändert für den BFH auch das Bilanzrechtsmodernisierungsgesetz (BilMoG) nichts. Der „höchstens insbesondere"-Hinweis umfasst also nicht nur einen anderen steuerlichen Wert, sondern auch einen niedrigeren handelsrechtlichen Wert. Diese Auslegung ergibt sich laut BFH auch explizit aus der Gesetzesbegründung des § 6 Abs. 1 Nr. 3a EStG (vgl. BT-Drs. 14/443).

Hinweis

Rückstellungen für ungewisse Verbindlichkeiten sind daher in der Steuerbilanz höchstens mit ihrem handelsrechtlich zulässigen Wert anzusetzen. Die Finanzverwaltung erkennt aber für Pensionsrückstellungen nach § 6a EStG an, dass der steuerliche Rückstellungswert den handelsrechtlichen Wert übersteigen kann (R 6.11 Abs. 3 Satz 1 EStR).

2.1.7 Keine Verbindlichkeitsrückstellung bei überwiegendem Eigeninteresse

Auch bei einer dem Grunde nach rechtlich bestehenden Außenverpflichtung scheidet der Ansatz einer Verbindlichkeitsrückstellung aus, wenn die Verpflichtung in ihrer wirtschaftlichen Belastungswirkung von einem eigenbetrieblichen Interesse vollständig „überlagert" wird. An dieser Rechtsprechung hält der BFH entgegen kritischer Literaturstimmen fest (BFH, Urteil v. 22.1.2020, XI R 2/19, BStBl 2020 II S. 493).

Der Ansatz einer Rückstellung für ungewisse Verbindlichkeiten setzt laut BFH eine Verpflichtung voraus, die gegenüber einer dritten Person besteht (sog. Außenverpflichtung) und als erzwingbarer Anspruch eine wirtschaftliche Belastung darstellt (Verbot einer sog. **Aufwandsrückstellung**, § 249 Abs. 2 Satz 1

HGB). Bei der Beurteilung sei aber auch die Gewichtung der wirtschaftlichen Interessen des Leistungsverpflichteten erforderlich. Das kann dazu führen, dass im Einzelfall das überwiegende eigenbetriebliche Interesse als das wirtschaftlich auslösende Moment der Belastung zu werten sein kann und damit der Sache nach eine Aufwandsrückstellung vorliegt.

2.1.8 Behandlung eines Rangrücktritts

Für den BFH löst eine Rangrücktrittserklärung, die die **Erfüllung der Verpflichtung** nicht nur aus zukünftigen Gewinnen und Einnahmen, sondern auch **aus „sonstigem freien Vermögen"** vorsieht, selbst dann weder handels- noch steuerbilanziell ein Passivierungsverbot aus, wenn der Schuldner aufgrund einer fehlenden operativen Geschäftstätigkeit aus der Sicht des Bilanzstichtages nicht in der Lage ist, freies Vermögen zu schaffen und eine tatsächliche Belastung des Schuldnervermögens voraussichtlich nicht eintreten wird.

Das wirtschaftliche Unvermögen des Schuldners ist somit für den BFH unerheblich. Es komme vielmehr allein auf den rechtlichen Gehalt der Durchsetzungssperre an (BFH, Urteil v. 19.8.2020, XI R 32/18).

Hinweis

Laut BFH greift das Passivierungsverbot des § 5 Abs. 2a EStG bei Rangrücktrittsvereinbarungen nicht, wenn die Verbindlichkeit auch aus sonstigem Vermögen (dem sog. freien Vermögen) zu tilgen ist. In diesem Punkt bestätigt der BFH die Auffassung der Finanzverwaltung (vgl. BMF-Schreiben v. 8.9.2006, BStBl 2006 I S. 497). Dennoch zeigt das Urteil erneut, dass der Formulierung von Rangrücktrittsvereinbarungen besondere Bedeutung zukommt.

2.1.9 Wärmeenergie als Wirtschaftsgut

Der BFH definiert Wärmeenergie als Wirtschaftsgut, wenn sie bestimmungsgemäß geliefert oder für private Zwecke genutzt wird. Der private Verbrauch der selbst erzeugten Wärmeenergie ist eine **Sachentnahme**, die auch im Fall von Kuppelerzeugnissen anhand von Herstellungskosten mit dem Teilwert zu bewerten ist (BFH, Urteil v. 12.3.2020, IV R 9/17, BFH/NV 2020 S. 973).

Hinweis

In dem Urteil qualifiziert der BFH Wärmeenergie als selbstständiges Wirtschaftsgut. Dabei verselbständigt sie sich dann zu einem eigenen Wirtschaftsgut, wenn sie über Wärmemengenzähler bestimmungsgemäß an Abnehmer geliefert oder für private Zwecke verbraucht wird. Der private Verbrauch selbst erzeugter Wärmeenergie sei daher keine mit den tatsächlichen Selbstkosten anzusetzende Nutzungsentnahme, sondern eine Sachentnahme, die nach § 6 Abs. 1 Nr. 4 Satz 1 Halbsatz 1 EStG mit dem Teilwert zu bewerten ist.

2.1.10 Änderungsrahmen für eine Bilanzänderung

Eine Bilanzänderung ist nur zulässig, wenn sie in einem engen zeitlichen und sachlichen **Zusammenhang mit** einer **Bilanzberichtigung** i.S. des § 4 Abs. 2 Satz 1 EStG steht und soweit die Auswirkung der Änderung nach Satz 1 auf den Gewinn reicht (§ 4 Abs. 2 Satz 2 EStG). Bei der Bemessung des Bilanzänderungsrahmens bleiben laut BFH außerbilanzielle Korrekturen einer Bilanzberichtigung unberücksichtigt, da sie nicht die Ebene der steuerbilanziellen Gewinnermittlung betreffen (BFH, Urteil v. 27.5.2020, XI R 8/18, BFH/NV 2020 S. 1355).

Hinweis

Eine Bilanzänderung ist laut BFH daher nur in Höhe der sich aus der Steuerbilanz ergebenden Gewinnberichtigung als solcher möglich.

2.1.11 Bilanzänderung bei Wahlrechtsausübung

Bei Inanspruchnahme des Investitionsabzugsbetrags nach § 7g EStG kann der Steuerpflichtige fakultativ die Anschaffungs- oder Herstellungskosten (AK/HK) des Wirtschaftsgutes im Jahr der Anschaffung oder Herstellung um bis zu 40 % gewinnmindernd herabsetzen (§ 7g Abs. 2 Satz 2 EStG). Bei der Minderung der AK/HK handelt es sich laut BFH im Fall der Gewinnermittlung durch Bestandsvergleich um eine **innerbilanzielle Maßnahme**, die den Voraussetzungen der Bilanzänderung nach § 4 Abs. 2 EStG unterliegt (BFH, Urteil v. 27.5.2020, XI R 12/18, BFH/NV 2020 S. 1336).

Laut BFH gilt dies auch dann, wenn der Steuerpflichtige **keine gesonderte Steuerbilanz** erstellt, sondern die Änderung der steuerlichen Wahlrechtsausübung im Rahmen einer Überleitungsrechnung i.S. des § 60 Abs. 2 Satz 1 EStDV erfolgt. Dagegen unterliegen außerbilanzielle Korrekturen nicht den Voraussetzungen des § 4 Abs. 2 EStG. Ebenso wenig fallen die **Einnahmenüberschussrechner** unter die Regelung. In diesen Fällen ist die Änderung des Wahlrechts möglich, solange die Veranlagung noch geändert werden kann.

Hinweis

Obwohl das Urteil zur Rechtslage vor dem StÄndG 2015 erging, dürften die Ausführungen auch für die jetzige Fassung von Bedeutung sein. Vgl. zu den Änderungen bei § 7g EStG durch das Jahressteuergesetz 2020 auch Kapitel Rückblick Tz. 2.1.14.

2.1.12 Verlängerung der Reinvestitionsfrist für § 6b-Rücklage

Mit dem Zweiten Corona-Steuerhilfegesetz v. 29.6.2020 (BGBl 2020 I S. 1512) wurden die Reinvestitionsfristen des § 6b Abs. 3 Sätze 2, 3 und 5, Abs. 8 Satz 1 Nr. 1 sowie Abs. 10 Sätze 1 und 8 EStG vorübergehend **um ein Jahr verlängert**. Dabei gilt die Fristverlängerung nur, sofern eine Reinvestitionsrücklage am Schluss des nach dem 29.2.2020 und vor dem 1.1.2021 endenden Wirtschaftsjahres noch vorhanden ist und aufzulösen wäre. Die Reinvestitionsfrist endet in diesen Fällen dann erst am Schluss des darauffolgenden Wirtschaftsjahres (§ 52 Abs. 14 Satz 4 EStG).

Ausweislich der Gesetzesbegründung soll die vorübergehende Verlängerung der Fristen für die Übertragung stiller Reserven (§ 6b EStG) um ein Jahr die **Liquidität** der Unternehmen während der COVID-19-Pandemie erhalten, indem in diesem Zeitraum keine Reinvestitionen zur Vermeidung der Rücklagenauflösung mit Gewinnzuschlag erzwungen werden.

Hinweis

Sollten die Auswirkungen der COVID-19-Pandemie weiter anhalten, ermöglichen Verordnungsermächtigungen dem BMF mit Zustimmung des Bundesrats weitere (ebenfalls zeitlich befristete) Verlängerungen der Fristen (§ 52 Abs. 14 Sätze 5 und 6 EStG).

2.1.13 Fristverlängerung für Investitionsabzugsbetrag nach § 7g EStG

Ebenfalls durch das Zweite Corona-Steuerhilfegesetz v. 29.6.2020 (BGBl 2020 I S. 1512) wurde die Investitionsfrist des § 7g EStG um ein Jahr verlängert. Danach endet die Investitionsfrist bei Investitionsabzugsbeträgen, welche in nach dem 31.12.2016 und vor dem 1.1.2018 endenden Wirtschaftsjahren beansprucht wurden, abweichend von § 7g Abs. 3 Satz 1 EStG erst zum Ende des vierten anstatt des dritten auf das Wirtschaftsjahr des Abzugs folgenden Wirtschaftsjahres (§ 52 Abs. 16 EStG).

Hinweis

Diese Verlängerung soll laut Gesetzesbegründung ebenfalls die **Liquidität** der Unternehmen steigern und ihnen die Möglichkeit geben, die in 2020 auslaufende 3-jährige Investitionsfrist zu verlängern. Damit können geplante Investitionen im Jahr 2021 nachgeholt werden, ohne die negativen steuerlichen Folgen wie die Verzinsung der Steuernachforderung aus der Rückgängigmachung der Investitionsabzüge tragen zu müssen.

2.1.14 Investitionsabzug wird flexibler

Investitionsabzugsbeträge nach § 7g EStG ermöglichen die Vorverlagerung von Abschreibungspotenzial in ein Wirtschaftsjahr vor Anschaffung oder Herstellung begünstigter Wirtschaftsgüter. Mit Hilfe der Abzugsbeträge, die zu einer Steuerstundung führen, können Mittel angespart werden, die die Finanzierung geplanter Investitionen erleichtern können. Darüber hinaus können nach § 7g Abs. 5 EStG für die Anschaffung oder Herstellung begünstigter Wirtschaftsgüter auch Sonderabschreibungen in Anspruch genommen werden, um weiteres Abschreibungspotenzial vorzuziehen.

Bisher begünstigt § 7g EStG nur Wirtschaftsgüter, die im Jahr der Investition und im Folgejahr ausschließlich oder fast ausschließlich, d.h. zu mindestens 90 %, im Betrieb genutzt werden. Mit dem Jahressteuergesetz 2020 soll § 7g Abs. 1 Satz 1 EStG-E dahingehend angepasst werden, dass nun auch in diesem Zeitraum (ggf. langfristig) **vermietete Wirtschaftsgüter** in den Anwendungsbereich des § 7g EStG fallen. Über § 7g Abs. 6 Nr. 2 EStG-E soll sich diese Änderung gleichermaßen auch für die Inanspruchnahme von **Sonderabschreibungen** nach § 7g Abs. 5 EStG auswirken. Daneben werden die nach § 7g Abs. 1 Satz 1 EStG-E begünstigten **Investi-**

tionskosten von 40 % auf 50 % angehoben. Durch Folgeänderungen soll die Anhebung der begünstigten Investitionskosten auf 50 % an allen anderen Stellen des § 7g EStG greifen (§ 7g Abs. 2 Sätze 1 und 3 EStG-E, § 7g Abs. 4 Satz 1 EStG-E, § 7g Abs. 6 Nr. 2 EStG-E).

Die **Betriebsgrößenmerkmale** als Eingangsvoraussetzung für die Verwendung der Investitionsabzugsbeträge sollen durch das Jahressteuergesetz 2020 vereinheitlicht werden (§ 7g Abs. 1 Satz 2 EStG-E). Nun soll für alle Einkunftsarten eine einheitliche Gewinngrenze i. H. v. 200.000 EUR als Voraussetzung für die Inanspruchnahme von Investitionsabzugsbeträgen greifen. Diese Änderung wirkt sich gleichermaßen auch für die Inanspruchnahme von Sonderabschreibungen nach § 7g Abs. 5 EStG aus (§ 7g Abs. 6 Nr. 1 EStG-E).

Hinweis

Die Änderungen sollen erstmals für Investitionsabzugsbeträge und Sonderabschreibungen, die in nach dem 31.12.2019 endenden Wirtschaftsjahren in Anspruch genommen werden, greifen (§ 52 Abs. 16 Satz 1 EStG-E). Durch die erweiterte Investitionsförderung soll der **Liquiditätsgewinn** der anspruchsberechtigten Unternehmen weiter gesteigert werden.

Die Verlängerung der Investitionsfristen von 3 auf 4 Jahre, die im Zweiten Corona-Steuerhilfegesetz geregelt wurde, wird beibehalten (§ 52 Abs. 16 Satz 3 EStG-E). Vgl. zu weiteren Änderungen im Zusammenhang mit § 7g EStG Kapitel Ausblick Tz. 2.2.

2.1.15 Befristete degressive AfA

Für **bewegliche Wirtschaftsgüter** des Anlagevermögens, die **nach dem 31.12.2019 und vor dem 1.1.2022 angeschafft** oder hergestellt wurden, wurde mit dem Zweiten Corona-Steuerhilfegesetz v. 29.6.2020 (BGBl 2020 I S. 1512) die Möglichkeit der degressiven AfA eingeführt (§ 7 Abs. 2 EStG). Sie können somit statt in gleichen Jahresbeträgen (lineare AfA) mit einem festen Prozentsatz vom Buchwert abgeschrieben werden. Der dabei anzuwendende Prozentsatz darf höchstens das 2,5-Fache der derzeit geltenden AfA betragen und 25 % nicht übersteigen.

Die Wirtschaftsgüter sind in ein **besonderes, laufend zu führendes Verzeichnis** aufzunehmen, das den Tag der Anschaffung oder Herstellung, die Anschaffungs-

oder Herstellungskosten, die betriebsgewöhnliche Nutzungsdauer und die Höhe der jährlichen Absetzungen für Abnutzung enthält, sofern diese Angaben nicht aus der Buchführung ersichtlich sind (§ 7 Abs. 2 Satz 3 EStG i.V.m. § 7a Abs. 8 EStG). Der Absetzungsbetrag, der sich nach der degressiven AfA ermittelt, muss bei unterjähriger Anschaffung oder Herstellung des Wirtschaftsguts um jeweils ein Zwölftel für jeden vollen Monat, der dem Monat der Anschaffung oder Herstellung vorangeht, gekürzt werden (§ 7 Abs. 2 Satz 3 EStG i.V.m. Abs. 1 Satz 4 EStG). Für Wirtschaftsgüter, die degressiv abgeschrieben werden, dürfen nach § 7 Abs. 2 Satz 4 EStG keine Absetzungen für außergewöhnliche technische oder wirtschaftliche Abnutzung vorgenommen werden.

Hinweis

Je länger die betriebsgewöhnliche Nutzungsdauer ist, umso deutlicher wirkt sich der Effekt der degressiven AfA aus. Ab 5 Jahren betriebsgewöhnlicher Nutzungsdauer können Liquiditätseffekte erzielt werden. Ab dem Jahr, in dem die lineare AfA höher ist als die degressive AfA, ist ein **Wechsel der Abschreibungsmethode** nach § 7 Abs. 3 Satz 1 EStG zulässig.

2.1.16 Elektronische Kassensysteme

Elektronische Kassen sind durch eine sog. **technische zertifizierte Sicherheitseinrichtung** (TSE) gegen Manipulationen zu sichern. Das musste grundsätzlich bis zum 30.9.2020 erfolgen (BMF, Schreiben v. 6.11.2019, BStBl 2019 I S. 1010; vgl. zu den Erleichterungen einzelner Bundesländer Kapitel Ausblick Tz. 2.8). Kassen müssen auch über eine **einheitliche digitale Schnittstelle** verfügen.

Zur steuerbilanziellen Behandlung der **Implementierungskosten** einer TSE und einer einheitlichen digitalen Schnittstelle nach § 4 der KassenSichV in der Steuerbilanz äußerte sich das BMF mit Schreiben v. 21.8.2020 (BStBl 2020 I S. 1047). Die Behandlung der TSE unterscheidet sich etwa danach, ob diese fest eingebaut ist. Ist die TSE nicht fest eingebaut (z.B. da sie auf einem USB-Stick gespeichert ist), ist sie als selbstständiges Wirtschaftsgut grundsätzlich zu aktivieren und über 3 Jahre abzuschreiben. Wird die TSE dagegen fest eingebaut (z.B. in Drucker oder elektronische Aufzeichnungssysteme), sind die Kosten grundsätzlich nachträgliche Anschaffungskosten zu dem Gerät, in das die TSE eingebaut wird. Die **laufenden Entgelte** für eine Cloud-TSE-Lösung sind regelmäßig als Betriebsausgaben sofort abziehbar. Die Aufwendungen für die Implementierung einer digitalen Schnittstelle sind grundsätzlich Anschaffungsnebenkosten des Wirtschaftsguts TSE.

Hinweis

Nach einer im BMF-Schreiben enthaltenen Nichtbeanstandungsregelung können Kosten für die **erstmalige Anschaffung** und Implementierung der TSE und der Schnittstelle unter bestimmten Voraussetzungen sofort und **in voller Höhe als Betriebsausgaben** abgezogen werden.

2.2 Gewerbesteuer

2.2.1 Schachtelprivileg für Auslandsdividenden

Mit Wirkung ab dem Erhebungszeitraum 2020 greift das gewerbesteuerliche Schachtelprivileg einheitlich für Gewinne aus Beteiligungen an einer Kapitalgesellschaft mit Geschäftsleitung und Sitz im Ausland, sofern der Kapitalanteil zu Beginn des Erhebungszeitraums mind. 15 % am Nennkapital beträgt (§ 9 Nr. 7 GewStG).

Hinweis

Diese Regelung durch das Jahressteuergesetz 2019 (BGBl 2019 I S. 2451) war aufgrund von EuGH-Rechtsprechung erforderlich geworden.

2.2.2 Keine Unternehmensidentität bei ruhendem Gewerbebetrieb

Die gewerbesteuerliche Verlustnutzung erfordert neben der Unternehmer- auch die Unternehmensidentität. Laut BFH ist die Unternehmensidentität zu verneinen, wenn die **werbende Tätigkeit** in dem Zeitraum zwischen Anrechnungsjahr und Verlustentstehungsjahr **nicht ununterbrochen ausgeübt** wurde (BFH, Urteil v. 30.10.2019, IV R 59/16, BStBl 2020 II S. 147).

Für den BFH reicht es nicht aus, wenn der Gewerbebetrieb im Anrechnungsjahr wieder mit dem Gewerbebetrieb im Verlustentstehungsjahr identisch ist, zwischenzeitlich die werbende Tätigkeit nicht nur vorübergehend unterbrochen oder eine andere werbende Tätigkeit ausgeübt wird. Anders als das Einkommensteuerrecht kenne das Gewerbesteuerrecht keinen „ruhenden Gewerbebetrieb".

Hinweis

Der BFH äußert sich auch zu Fällen im Rahmen einer **Betriebsaufspaltung**. Hier besteht die Unternehmensidentität bei einer Besitzpersonengesellschaft jedenfalls so lange fort, wie sie mit der Betriebskapitalgesellschaft sachlich und personell verflochten bleibt. In diesem Fall übt die Besitzgesellschaft ununterbrochen eine nutzungsüberlassende Tätigkeit aus, die aufgrund ihrer Verflechtung mit der Betriebskapitalgesellschaft als wirtschaftlich identische (originär) gewerbliche Tätigkeit qualifiziert.

2.2.3 Gewerbesteuerliche Unternehmensidentität nach Umstrukturierung

Ob ein „alter" Gewerbebetrieb eingestellt und (ggf.) ein „neuer" Gewerbebetrieb in Gang gesetzt wird, bestimmt sich laut BFH danach, ob der „bisherige" und der „neue" Betrieb bei wirtschaftlicher Betrachtung und nach der Verkehrsauffassung identisch sind.

Dies hat der BFH im Fall der Nutzung eines **gewerbesteuerlichen Verlustvortrags nach der Umstrukturierung einer Personengesellschaft** entschieden. Dass eine für den „bisherigen" Betrieb wesentliche Betriebsgrundlage – insbesondere dann, wenn sie nur wegen der in ihr enthaltenen stillen Reserven „wesentlich" ist – im „neuen" Betrieb weiter genutzt wird, kann laut BFH zwar einer der Umstände sein, die bei der erforderlichen Würdigung der Gesamtumstände zu berücksichtigen sind. Allein deshalb, weil ein Wirtschaftsgut, in dem erhebliche stille Reserven ruhen, weiter genutzt wird, kann laut BFH aber noch nicht auf eine Weiterführung des „bisherigen" Betriebs geschlossen werden. Soweit in früheren Entscheidungen eine Betriebsaufgabe regelmäßig zu verneinen war, wenn wesentliche Betriebsgrundlagen – insbesondere Wirtschaftsgüter mit erheblichen stillen Reserven – in den neuen Betrieb überführt wurden, hält der IV. BFH-Senat daran jedenfalls für die Frage, ob es in gewerbesteuerrechtlicher Hinsicht zu einem Wegfall der Unternehmensidentität und damit zu einem Wegfall der sachlichen Gewerbesteuerpflicht kommt, nicht mehr fest (BFH, Urteil v. 19.12.2019, IV R 8/17, BStBl 2020 II S. 401).

Hinweis

Beim **partiellen Unternehmerwechsel** blieb der BFH jedoch bei seiner bisherigen Sichtweise. Da im konkreten Fall die Komplementär-GmbH weiterhin Mitunternehmer der KG blieb, sah der BFH in der Veräußerung der Kommanditanteile nur einen partiellen Unternehmerwechsel und keinen Fall der fiktiven Einstellung des Gewerbebetriebs i. S. des § 2 Abs. 5 GewStG. Ein solcher sei nur anzunehmen, wenn alle Mitunternehmer der das Unternehmen fortführenden Personengesellschaft ausscheiden.

2.2.4 (Keine) Gewerbesteuerpflicht eines Einbringungsgewinns

Werden Betriebsvermögen bzw. Anteile an einer Kapitalgesellschaft in eine Kapitalgesellschaft zum Buchwert oder einem Zwischenwert eingebracht, entstehen unter bestimmten weiteren Voraussetzungen sog. **sperrfristbehaftete Anteile**. Eine Veräußerung der sperrfristbehafteten Anteile vor Ablauf der 7-Jahres-Frist führt gem. § 22 Abs. 1 bzw. 2 UmwStG zu einer rückwirkenden Besteuerung der Einbringung (Einbringungsgewinn I bzw. Einbringungsgewinn II).

Laut BFH unterliegen diese Einbringungsgewinne aber nicht der Gewerbesteuer, wenn die ursprüngliche Einbringung zum gemeinen Wert nicht gewerbesteuerpflichtig gewesen wäre (BFH, Urteile v. 11.7.2019, I R 13/18 und I R 26/18 BFH/NV 2020 S. 437 und S. 439). Der BFH stellt hauptsächlich auf die **Rückwirkung des Einbringungsgewinns** ab. Wenn die Einbringung auch bei Ansatz des gemeinen Werts keine Gewerbesteuer ausgelöst hätte, könne auch der rückwirkende Einbringungsgewinn (I oder II) keine Gewerbesteuer auslösen.

Hinweis

Mit diesem Urteil widerspricht der BFH der Finanzverwaltung (vgl. Rz. 22.07 UmwStE). Betroffene Steuerpflichtigen sollten daher gegen entsprechende Festsetzungen im Gewerbesteuermessbescheid vorgehen.

2.2.5 Mitvermietung von Betriebsvorrichtungen

Für die Gewährung der erweiterten Grundstückskürzung nach § 9 Nr. 1 Satz 2 GewStG ist aufgrund des sog. **Ausschließlichkeitsgebots** grundsätzlich die neben dem Grundbesitz noch erfolgende Überlassung von Betriebsvorrichtungen schädlich. Der BFH sieht bisher auch keine Geringfügigkeitsgrenze, wonach die Überlassung von Betriebsvorrichtungen für die erweiterte Kürzung unschädlich ist (BFH, Urteil v. 11.4.2019, III R 36/15, BStBl 2019 II S. 705). Für die Bejahung einer Betriebsvorrichtung hält der BFH es für ausreichend, dass der Gegenstand nur einer von mehreren auf dem Grundstück ausgeübten gewerblichen Tätigkeiten dient.

Für die Frage, ob die Mitvermietung der Betriebsvorrichtungen zwingend notwendig für die wirtschaftlich sinnvolle Nutzung eigenen Grundbesitzes und damit unschädlich ist, kommt es laut BFH allein auf die Verhältnisse im jeweiligen Erhebungszeitraum an (BFH, Urteil v. 18.12.2019, III R 36/17).

Hinweis

Ob die Mitüberlassung der Betriebsvorrichtungen in früheren Jahren zwingend notwendig für die Nutzung des Grundbesitzes war, war daher im konkreten Fall unerheblich. Auch half nicht, dass die Mitvermietung in einem Mietvertrag vereinbart wurde, an den die Klägerin über den streitigen Erhebungszeitraum hinaus gebunden war. Für den BFH kam es allein auf die objektiven Umstände an, nicht dagegen auf die vertraglichen Beziehungen.

2.2.6 Immobilienverwaltung durch Managementgesellschaft

Grundsätzlich reicht die bloße Vermietung oder Verpachtung von inländischen Grundstücken oder Gebäuden nicht zur Begründung einer Betriebsstätte für den Vermieter bzw. Verpächter aus. Nach Ansicht des FG Berlin-Brandenburg können die Räumlichkeiten einer vertraglich engagierten Hausverwaltungsgesellschaft aber eine eigene Betriebsstätte begründen, auch wenn hierüber kein vertraglich eingeräumtes eigenes Nutzungsrecht besteht (FG Berlin-Brandenburg, Urteil v. 21.11.2019, 9 K 11108/17). Im Urteilsfall hatte eine GmbH die Verwaltungsaufgaben im Zusammenhang mit der Immobilie auf eine Hausverwaltungsgesellschaft übertragen, die ihre Tätigkeit in eigenen Räumlichkeiten in Deutschland ausübte.

Das FG stützte sich hierbei auf die Rechtsprechung des BFH zur „Managementgesellschaft“, wonach auch die bloße – vertraglich abgesicherte – Wahrnehmung dispositiver Aufgaben durch eine Dienstleistungs- bzw. Managementgesellschaft in deren Geschäftsräumen eine inländische Betriebsstätte i.S. des § 12 Satz 1 AO begründen kann. Eine solche „Managementgesellschaft" sah das FG im Urteilsfall, da die Hausverwaltungsgesellschaft insbesondere nahezu sämtliche denkbaren Aufgaben rund um die Bewirtschaftung der Immobilie übernommen hat. Weiterhin konnte die GmbH die Tätigkeiten der Hausverwaltungsgesellschaft ständig vor Ort überwachen.

Hinweis

Gegen das Urteil des FG ist unter dem Az. I R 10/20 Revision beim BFH anhängig. Mit der Frage der Begründung einer inländischen Betriebsstätte bei ausländischem Investment in deutsches Immobilienvermögen beschäftigte sich kürzlich auch das FG Münster, das in dem dort (anders) gelagerten Fall eine Betriebsstätte und damit die Gewerbesteuerpflicht verneinte (FG Münster, Urteil v. 12.4.2019, 13 K 3645/16, rechtskräftig).

2.2.7 Erhöhung des Freibetrags für Hinzurechnungen nach § 8 Nr. 1 GewStG

Durch das Zweite Corona-Steuerhilfegesetz v. 29.6.2020 (BGBl 2020 I S. 1512) wurde der Freibetrag für die Hinzurechnung von Entgelt- bzw. anderen Finanzierungsanteilen i.S. des § 8 Nr. 1 GewStG von bisher 100.000 EUR **auf 200.000 EUR** mit Wirkung ab dem Erhebungszeitraum 2020 **erhöht**.

Hinweis

Der Freibetrag wurde zur Entlastung und Liquiditätssteigerung insbesondere von kleineren und mittleren Unternehmen angehoben, um die wirtschaftlichen Folgen der Corona-Krise abzufedern.

2.2.8 Hinzurechnung bei Rechteüberlassung

Der BFH grenzt die für die Hinzurechnung nach § 8 Nr. 1 Buchst. f GewStG (Überlassung von Rechten) erforderliche **zeitliche Befristung** von der endgültigen Rechteübertragung regelmäßig dahingehend ab, dass der Verbleib des Rechts beim Berechtigten ungewiss ist, etwa weil das Recht an den Übertragenden zurückfallen kann. Für die Annahme einer zeitlichen Begrenzung kann für den BFH bereits das

Vorhandensein gesetzlicher Kündigungsmöglichkeiten oder die Aufnahme einer auflösenden Bedingung in den Übertragungsvertrag ausreichen (BFH, Urteil v. 19.12.2019, III R 39/17).

Eine endgültige Übertragung liege dagegen vor, wenn das Recht dem Berechtigten mit Gewissheit endgültig verbleibt und ein Rückfall des Rechts nicht in Betracht kommt. Ein Übergang des wirtschaftlichen Eigentums an dem Recht liegt auch vor, wenn sich dieses während der vereinbarten Nutzungsdauer „verbraucht".

Hinweis

Der konkrete Fall betraf die Überlassung landwirtschaftlicher **Sortenschutzrechte gegen Lizenzzahlungen**. Hier sah der BFH keine endgültige Übertragung, da die Lizenzvereinbarung verschiedene Konstellationen vorsah, in denen das Recht an den Lizenzgeber zurückfiel. Da der Lizenznehmer nicht als eine Art Handelsvertreter für die Weitergabe des Rechts zur Produktion und zum Vertrieb von bestimmten Sorten auftrat, sondern sich selbst als Produzent betätigte, griff auch die Rückausnahme für Vertriebslizenzen nicht.

2.2.9 Behandlung von Messekosten

Das FG Münster verneint eine gewerbesteuerliche Hinzurechnung von Aufwendungen für die Anmietung von Messestellplätzen nach § 8 Nr. 1 Buchst. e GewStG (FG Münster, Urteil v. 9.6.2020, 9 K 1816/18 G).

Im entschiedenen Fall vertrieb ein Produktionsunternehmen seine Produkte durch ein stehendes Händlernetz. Das Unternehmen präsentierte auf verschiedenen turnusmäßig stattfindenden Messen seine Produkte und mietete daher Ausstellungsflächen an. Bei seiner Beurteilung stellte das FG entscheidend auf den Geschäftsgegenstand des Unternehmens ab, der in der Produktion von Maschinen lag und nicht das dauerhafte Vorhandensein von Messestandflächen voraussetzt. Ein fiktives Anlagevermögen war zu verneinen. Das FG musste sich daher nicht zu der Frage äußern, ob es sich überhaupt um Zahlungen einer Miete im zivilrechtlichen Sinne handelte.

Hinweis

Das FG hat die Revision selbst nicht zugelassen, das Finanzamt hat aber Nichtzulassungsbeschwerde beim BFH eingelegt (anhängig unter Az. III B 83/20). Dort ist unter dem Az. III R 15/19 bereits die Revision gegen das Urteil des FG Düsseldorf v. 29.1.2019 (10 K 2717/17) anhängig, das ebenfalls eine gewerbesteuerliche Hinzurechnung von Messekosten verneinte. Beide Gerichte widersprachen damit dem Urteil des Niedersächsischen FG v. 6.12.2018 (10 K 188/17). Betroffene Steuerpflichtige sollten daher gegen anderslautende Veranlagungen **Einspruch** einlegen und vor dem Hintergrund der anhängigen Revisionsverfahren das Ruhen des Einspruchsverfahrens beantragen.

2.2.10 Zu Herstellungskosten führende Mietzinsen

Laut BFH unterliegen Mieten bzw. Pachten für **bewegliche Wirtschaftsgüter** des Anlagevermögens (hier konkret Baustelleneinrichtungen) nicht der gewerbesteuerlichen Hinzurechnung nach § 8 Nr. 1 Buchst. d GewStG, soweit sie in die Herstellungskosten von Wirtschaftsgütern des Umlaufvermögens (hier konkret unfertige Arbeiten) einzubeziehen sind. Dabei reicht es für den BFH aus, dass die Miet- bzw. Pachtzinsen als Herstellungskosten aktiviert worden wären, wenn das betreffende Wirtschaftsgut zum Bilanzstichtag noch im Betriebsvermögen gewesen wäre und daher hätte aktiviert werden müssen (BFH, Urteil v. 30.7.2020, III R 24/18).

Hinweis

Damit verneinte der BFH die Hinzurechnung auch für Herstellungskosten von **unterjährig ausgeschiedenen Wirtschaftsgütern** des Umlaufvermögens. Entscheidend war allein, inwieweit die zu betrachtenden Aufwendungen den handelsrechtlichen Herstellungskostenbegriff erfüllen. Zu dieser Frage ist unter dem Az. IV R 31/18 ein weiteres Revisionsverfahren vor dem BFH anhängig, allerdings nicht vor dem III. BFH-Senat, sondern vor dem IV. BFH-Senat. Betroffene Steuerpflichtige sollten ihre Aufwendungen vor dem Hintergrund des BFH-Urteils hinsichtlich der gewerbesteuerlichen Hinzurechnung genau prüfen und ggf. gegen Hinzurechnungen der Finanzverwaltung vorgehen.

2.3 Erhöhung des GewSt-Anrechnungsfaktors

Durch das Zweite Corona-Steuerhilfegesetz v. 29.6.2020 (BGBl 2020 I S. 1512) wurde der Ermäßigungsfaktor bei der Anrechnung der Gewerbesteuer auf die Einkommensteuer (§ 35 EStG) von 3,8 auf das Vierfache des Gewerbesteuer-Messbetrags erhöht.

Hinweis
Damit können Einzelunternehmer und Mitunternehmer von Personengesellschaften bei Erfüllung der weiteren Voraussetzungen u. U. bis zu einem Gewerbesteuer-Hebesatz von maximal ca. 420 % vollständig von der Gewerbesteuer entlastet werden. Der erhöhte Anrechnungsfaktor greift erstmals im VZ 2020 (§ 52 Abs. 35a EStG).

2.4 Umwandlungssteuer

2.4.1 Verlängerung des Rückwirkungszeitraums

Durch Änderungen des UmwG wurde aufgrund der Corona-Krise der umwandlungsteuerliche Rückwirkungszeitraum von bisher acht auf 12 Monate verlängert. Über § 2 UmwStG wirkt diese Verlängerung auch steuerlich, sofern das UmwStG keine speziellere Regelung vorsieht (Verschmelzungen, Aufspaltungen und Abspaltungen von Kapitalgesellschaften). Damit auch Steuerpflichtige, die nicht bereits aufgrund des UmwG, sondern allein aufgrund des Umwandlungssteuergesetzes (UmwStG) zur Aufstellung von Umwandlungsbilanzen verpflichtet sind, von der Fristerweiterung profitieren können, hat der Gesetzgeber mit dem Corona-Steuerhilfegesetz v. 19.6.2020 (BGBl 2020 I S. 1385) auch die steuerlichen Rückwirkungszeiträume in § 9 Satz 3 UmwStG und § 20 Abs. 6 Satz 1 und 3 UmwStG (Ausgliederungen und Formwechsel von Kapitalgesellschaften, Umwandlungen von Personengesellschaften sowie sonstige Einbringungsfälle) **auf 12 Monate verlängert** (§ 27 Abs. 15 UmwStG).

Hinweis

Die Verlängerung des steuerlichen Rückwirkungszeitraums war zunächst für 2020 zeitlich befristet. Mit Verordnung v. 20.10.2020 hat das BMJV jedoch den Anwendungszeitraum auf Anmeldungen zur Eintragung von Einbringungen auf Einbringungsvertragsabschlüsse ausgeweitet, die bis zum 31.12.2021 erfolgen (s. GesRGenRCOVMVV v. 20.10.2020, BGBl 2020 I S. 2258). Damit konnte auch das BMF aufgrund der durch das Corona-Steuerhilfegesetz eingefügten Ermächtigung in § 27 Abs. 15 Satz 2 UmwStG die Norm des § 27 Abs. 15 UmwStG v. 4.11.2020 auf das Jahr 2021 erweitern (Regierungsentwurf einer Verordnung zu § 27 Abs. 15 des Umwandlungssteuergesetzes v. 4.11.2020).

Hinweis

Mit der Fristverlängerung erhalten die betroffenen Unternehmen ab dem maßgeblichen Bilanzstichtag auch im Jahr 2021 vier Monate mehr Zeit, um die für die steuerliche Rückbeziehung erforderlichen Voraussetzungen zu erfüllen. Zum Zeitpunkt des Redaktionsschlusses stand die erforderliche Zustimmung des Bundesrats noch aus.

2.4.2 Übertragung der § 6b EStG-Rücklage bei Verschmelzung

Erfolgt im Reinvestitionszeitraum (vier Jahren nach Bildung der § 6b EStG-Rücklage) keine Neuinvestition bzw. keine vollständige Übertragung der Rücklage auf ein Reinvestitionsobjekt, muss sie zwingend aufgelöst werden (Auflösungszeitpunkt: Ablauf des vierten Wirtschaftsjahres nach dem Wirtschaftsjahr der Bildung).

Der BFH hatte nun die Frage zu klären, ob die § 6b EStG-Rücklage bei einer **Verschmelzung unter Buchwertfortführung** mit übertragen wird, wenn der Stichtag der Schlussbilanz der übertragenden Gesellschaft und der Auflösungszeitpunkt ineinander fallen und sich damit der Stichtag der rückwirkenden Verschmelzung unmittelbar anschließt. Der BFH verneinte die Mitübertragung, da lediglich solche Wirtschaftsgüter und Bilanzpositionen übertragen werden dürfen, die am steuerlichen Übertragungsstichtag theoretisch noch der übertragenden Gesellschaft gehören würden (BFH, Urteil v. 29.4.2020, XI R 39/18, BFH/NV 2020 S. 1149).

Hinweis

Im konkreten Fall trat der übernehmende Rechtsträger ab 1.7.2011 (mit Ablauf des steuerlichen Übertragungsstichtags, dem 30.6.2011) in die steuerliche Rechtsstellung der Überträgerin ein. Die Rücklage des § 6b Abs. 3 EStG ist daher von der Übernehmerin in der Weise fortzuführen, wie sie von der übertragenden Körperschaft hätte fortgeführt werden können bzw. müssen. Da der Stichtag der Schlussbilanz (30.6.2011) mit dem zwingenden Auflösungszeitpunkt zusammenfiel, hätte die übertragende Gesellschaft die Rücklage am 1.7.2011 aber nicht mehr nutzen können (Rücklage hätte schon bei der Erstellung der Schlussbilanz gewinnerhöhend aufgelöst werden müssen). Deshalb könne auch die übernehmende Gesellschaft die § 6b EStG-Rücklage nicht nutzen.

2.5 Änderungen im Internationalen Steuerrecht

2.5.1 Anwendungsschreiben zur Lizenzschranke (Staatenliste)

Mit Schreiben v. 19.2.2020 (BStBl 2020 I S. 238) listet das BMF eine Reihe von nicht Nexus-konformen Präferenzregelungen auf, die im VZ 2018 grundsätzlich unter die mit Wirkung zum VZ 2018 eingeführte Lizenzschranke des § 4j EStG fallen. Eine **erste Tabelle** führt alle auf Basis der OECD-Untersuchungen bislang durch die Finanzverwaltung festgestellten **schädlichen Präferenzregelungen** auf.

Im VZ 2018 an nahestehende Personen geleistete Zahlungen für Rechteüberlassungen, die von diesen Präferenzregelungen profitieren, fallen damit unter die (anteilige) Abzugsbeschränkung der Lizenzschranke. Davon können auch Regelungen erfasst sein, die entsprechend der Vorgaben der OECD bis Ende Juni 2021 auslaufen und bis dahin (bzw. im VZ 2018) nach dem Konsens der Staatengemeinschaft noch nicht den Substanz-Vorgaben des Nexus-Ansatzes entsprechen müssten. Das BMF weist darauf hin, dass in manchen Staaten neue, unschädliche Präferenzregelungen neben den beanstandeten Regelungen bestehen und im Einzelfall zu prüfen ist, welche Präferenzregelung einschlägig ist.

Hinweis
Nach dem Wortlaut handelt es sich nicht um eine abschließende Auflistung. Für darin nicht aufgeführte Präferenzregelungen ist daher derzeit noch keine abschließende Aussage möglich, wie die Finanzverwaltung diese für die Zwecke der Lizenzschranke beurteilt. Dies betrifft u. a. die sog. gemischten Gesellschaften in der Schweiz.

In einer **zweiten Tabelle** führt das Schreiben einige Präferenzregelungen auf, deren Prüfung noch andauert. Von der Lizenzschranke grundsätzlich erfasste Zahlungen in derartige Regime – darunter insbesondere US-FDII – sind unter dem Vorbehalt der Nachprüfung nach § 164 AO als abziehbare Betriebsausgabe zu behandeln, bis eine abschließende Prüfung der Nexus-Konformität erfolgt ist und sofern keine Gründe außerhalb von § 4j EStG dem Abzug entgegenstehen.

Hinweis
Bisher ist noch nicht bekannt, ob sich das BMF zu weiteren Anwendungsfragen der Lizenzschranke oder etwa zur Beurteilung bestehender Präferenzregelungen in folgenden Veranlagungszeiträumen äußert.

2.5.2 Anspruch auf Erstattungszinsen

Im Einklang mit der Rechtsprechung des EuGH hat das FG Köln entschieden, dass § 50d Abs. 3 EStG gegen Primärrecht (Niederlassungsfreiheit) und Sekundärrecht (Mutter-Tochterrichtlinie) verstößt. Die Verletzung der Grundfreiheiten führt jedoch nicht dazu, dass § 50d Abs. 3 EStG überhaupt nicht anzuwenden ist. Vielmehr ist die Norm im Lichte der Grundfreiheiten geltungserhaltend auszulegen. Demnach ist dem Steuerpflichtigen die Möglichkeit eines Gegenbeweises (Motivtest) einzuräumen, dass keine „künstliche Gestaltung“ vorliegt.

Das Urteil des FG Köln betraf eine sog. Mäanderstruktur, d. h. die Zwischenschaltung einer ausländischen Tochtergesellschaft (niederländische B.V.) zwischen eine inländische Mutter- und Enkelgesellschaft. Nach Ansicht des FG spricht bereits die Tatsache, dass es sich bei dem mittelbaren Gesellschafter um eine deutsche Muttergesellschaft handelt und die „Zwischenschaltung“ der niederländischen Gesellschaft somit zu keinem steuerlichen Vorteil führt, gegen die Annahme einer künstlichen Gestaltung. Denn bei einem Direktbezug der Dividende durch die deutsche Muttergesellschaft könne – abgesehen von der **5 %-Schachtelstrafe** gemäß § 8b Abs. 5 KStG – eine vollständige Entlastung der Kapitalertragsteuer durch Anrechnung auf die Körperschaftsteuer erfolgen. Die Anrechnung der Kapitalertragsteuer stehe der Annahme einer rein künstlichen Gestaltung, die einzig und allein zur ungerechtfertigten Nutzung eines Steuervorteils geschaffen wurde, entgegen.

Die Tatsache, dass in dem konkreten Sachverhalt die Beteiligung an der ausländischen Tochtergesellschaft über eine ausländische Personengesellschaft von der deutschen Muttergesellschaft gehalten wurde, führt nach Auffassung des FG Köln zu keinem anderen Ergebnis (FG Köln, Urteil v. 30.6.2020, 2 K 140/18). Vgl. auch zu den geplanten Änderungen des AbzStEntModG Kapitel Ausblick Tz. 2.11.

Hinweis

Zudem sieht das FG Köln entgegen früherer BFH-Rechtsprechung v. 18.9.2007 (I R 15/05, BStBl 2008 II S. 332) einen unmittelbar aus dem Unionsrecht begründeten **Anspruch auf Verzinsung** der unionsrechtswidrig einbehaltenen Kapitalertragsteuer in Höhe von 6 % p.a. Zwar sieht § 233 Abs. 1 Satz 2 AO explizit keine Verzinsung für Abzugsteuern vor. Gleichwohl ergebe sich die Verpflichtung zur Verzinsung aus dem Unionsrecht. Nach dem europäischen Effektivitätsgrundsatz steht dem Steuerpflichtigen ein Anspruch auf Entschädigung für die Einbußen, die er durch die zu Unrecht gezahlte Steuer erlitten hat, zu. Der Zinslauf beginnt grundsätzlich ab dem Tag der zu Unrecht geleisteten Abgabenzahlung, im konkreten Fall nach Einreichung des Erstattungsantrags.

2.5.3 Abzug „finaler" Verluste einer Freistellungsbetriebsstätte

Der BFH legt dem EuGH einige Zweifelsfragen hinsichtlich des Abzugs „finaler" Verluste einer EU-Freistellungsbetriebsstätte vor (BFH, Beschluss v. 6.11.2019, I R 32/18, DStR 2020 S. 2354).

Nachdem der EuGH zunächst in der Rs. Timac Agro die Berücksichtigung finaler Betriebsstättenverluste de facto ablehnte (EuGH, Urteil v. 17.12.2015, C-388/14), konnte der jüngeren Rechtsprechung des EuGH aus dem Jahr 2018 in der Rs. Bevola/Trock wiederum entnommen werden, dass die Berücksichtigung finaler Verluste unionsrechtlich geboten sei (s. EuGH, Urteil v. 12.6.2018, C 650/16). Vor diesem Hintergrund sieht der BFH die Problematik der Berücksichtigung von finalen Verlusten nicht als hinreichend geklärt. Insbesondere eine unmittelbare Übertragung der Rs. Bevola/Trock auf den konkreten Fall des Vorlagebeschlusses zugunsten des Steuerpflichtigen ist strittig. Ein wesentlicher Unterschied zur Rs. Bevola/Trock könnte sich daraus ergeben, dass der Verlustausschluss in der Rs. Bevola/Trock nicht auf einer bilateralen DBA-Vereinbarung (Freistellungsmethode), sondern auf einer auf dem Territorialprinzip beruhenden unilateralen Bestimmung des nationalen (dänischen) Steuerrechts beruhte.

Aus Sicht des I. BFH-Senats ist daher grundsätzlich zu klären, ob sich aus der **Niederlassungsfreiheit** eine **Pflicht zur Berücksichtigung sog. „finaler" Verluste** der ausländischen Freistellungsbetriebsstätte beim deutschen Stammhaus ergibt.

Sofern der EuGH eine Pflicht zur Berücksichtigung „finaler" Verluste bejaht, fragt der BFH an, ob sich diese auch auf die Gewerbesteuer erstreckt. Zwar sieht der BFH keinen Widerspruch zwischen der Berücksichtigung der Verluste im Rahmen der Gewerbesteuer und des strukturellen Inlandsbezugs (Territorialitätsprinzip), weil sich die Ausgangslagen dort und bei zwischenstaatlicher Vereinbarung der Freistellungsmethode nicht unterschieden. Aufgrund der Kritik an dieser Rechtsprechung seitens des BMF und Teilen des Schrifttums hält es der BFH für geboten, auch diese Frage dem EuGH vorzulegen.

Hinweis

Des Weiteren hat der BFH dem EuGH die folgenden Fragen vorgelegt:

- Sind im Falle der Schließung der in dem anderen Mitgliedstaat belegenen Betriebsstätte „finale" Verluste zu verrechnen, obwohl die zumindest theoretische Möglichkeit besteht, dass die Gesellschaft erneut eine Betriebsstätte in dem betreffenden Mitgliedstaat eröffnet, mit deren Gewinnen die früheren Verluste ggf. verrechnet werden könnten?
- Kommen als zu berücksichtigende „finale" Verluste auch mindestens einmal in einen nachfolgenden Veranlagungszeitraum vorgetragene Verluste der Betriebsstätte in Betracht?
- Ist die Pflicht zur Berücksichtigung der grenzüberschreitenden „finalen" Verluste der Höhe nach begrenzt durch diejenigen Verlustbeträge, die die Gesellschaft in dem betreffenden Belegenheitsstaat der Betriebsstätte hätte ansetzen können, wenn nicht die Verlustberücksichtigung dort ausgeschlossen wäre?

Hinweis

In der Rs. „Aures Holdings" äußerte sich der EuGH zur Frage der Berücksichtigung von Verlustvorträgen bei grenzüberschreitender Sitzverlegung. Er verneinte in der konkreten Urteilskonstellation eine „Mitnahme" der in einem EU-Mitgliedstaat erlittenen Verlustvorträge bei Verlegung des Orts der Geschäftsleitung in einen anderen Mitgliedstaat (EuGH, Urteil v. 27.2.2020, C-405/18).

2.5.4 Betriebsstättengewinnaufteilung bei funktionslosen Betriebsstätten

Das Anwendungsschreiben zur Betriebsstättengewinnaufteilung v. 22.12.2016 (BStBl 2017 I S. 182) wurde um eine neue Textziffer 6a hinsichtlich der Behandlung von **Betriebsstätten ohne Personalfunktion** (sog. funktionslose Betriebsstätten) ergänzt. Danach kann im Fall einer Betriebsstätte ohne maßgebliche Personalfunktion (z. B. Wind-, Solarkraftanlagen usw.) die Zugehörigkeit der Betriebsstätte zum Unternehmen eine andere Behandlung erfordern. Für die Frage der Zuordnung von Wirtschaftsgütern und der Gewinnaufteilung können laut BMF die Grundsätze der Textziffern 66 und 75 des Berichts über die Zurechnung von Gewinnen zu Betriebsstätten der OECD v. 22.7.2010 angewandt werden (BMF, Schreiben v. 17.12.2019, BStBl 2020 I S. 84).

Hinweis

In umfangreichen Fußnoten äußert sich das BMF zu den Besonderheiten bei **Server-Betriebsstätten** sowie zur Zuordnung des wirtschaftlichen Eigentums an materiellen Wirtschaftsgütern.

2.5.5 Anzeige von Beteiligungserwerben gemäß § 138 AO

Steuerpflichtige müssen den Erwerb und die Veräußerung von Beteiligungen an ausländischen Kapitalgesellschaften den Finanzbehörden anzeigen, wenn die Beteiligung **nach dem Vorgang mindestens 10 % des Stammkapitals** der ausländischen Gesellschaft beträgt oder die Anschaffungskosten aller Beteiligungen 150.000 EUR übersteigen (§ 138 AO).

Durch eine Anpassung im Jahressteuergesetz 2020 sollen Steuerpflichtige zukünftig den Erwerb und die Veräußerung von **Auslandsbeteiligungen kleiner** 1 % nicht mehr melden müssen. Das gilt allerdings nur, wenn mit der Hauptgattung der Aktien an einer **EU/EWR-Börse** oder an einer anderen durch die BaFin zugelassenen Börse **regelmäßiger Handel** betrieben wird.

Für die Ermittlung der prozentualen Meldegrenze ist auf das Kapital oder auf das Vermögen der Körperschaft, Personenvereinigung oder Vermögensmasse abzustellen und es müssen alle gehaltenen Beteiligungen berücksichtigt werden. In die Berechnung der Höhe der Anschaffungskosten fließen die genannten nicht mitteilungspflichtigen Erwerbe und Veräußerungen nicht ein (§ 138 Abs. 2 Satz 1 Nr. 3 lit. b AO-E). Die Änderung des § 138 Abs. 2 und Abs. 5 AO-E ist auf alle offenen, nach § 138 Abs. 2 AO-E von der Mitteilungspflicht ausgenommenen bzw. mitteilungspflichtigen Sachverhalte anzuwenden (Art. 97 § 32 Abs. 3 EGAO-E).

Hinweis

Im Grundsatz gibt diese Einfügung die gesetzliche Umsetzung der Börsenklausel aus dem BMF-Schreiben v. 18.7.2018 (BStBl 2018 I S. 81) wieder. Diese Regelung gilt auch für Personengesellschaften und andere Gemeinschaften, die eine Feststellungerklärung abgeben müssen (§ 138 Abs. 5 Satz 1–3 AO-E).

2.5.6 CbCR 2018: Erneut „spontaner" Informationsaustausch mit den USA

Laut einer am 5.12.2019 vom BMF bekanntgegebenen gemeinsamen Erklärung des BMF und der US-amerikanischen Bundessteuerbehörde IRS sollen Country-by-Country Reports (CbCR) für am oder nach dem 1.1.2018 und vor dem 1.1.2019 beginnende Wirtschaftsjahre auf Basis des Artikels 26 DBA-USA (wie den Berichten zu den Wirtschaftsjahren 2016 und 2017) ausgetauscht werden (sog. „spontaner Informationsaustausch", vgl. BMF-Schreiben v. 2.12.2019, BStBl 2019 I S. 1300).

Reicht folglich eine US-amerikanische Konzernobergesellschaft ein CbCR bei der IRS ein, dürfte für Tochtergesellschaften und Betriebsstätten US-amerikanischer Konzerne in Deutschland die für Wirtschaftsjahre 2018 bestehende Pflicht, den länderbezogenen Bericht ersatzweise zu übermitteln (§ 138a Abs. 4 AO), nicht greifen.

Hinweis

Auch die CbCR für 2019 werden auf Basis einer gemeinsamen Erklärung (s. BMF-Schreiben v. 8.12.2020) wie in den Vorjahren spontan ausgetauscht. Für den CbCR ab 2020 soll dann das am 14.8.2020 unterzeichnete dauerhafte Verwaltungsabkommen zum automatischen Informationsaustausch gelten.

2.5.7 CbCR gemäß § 138a AO

Im Rahmen des durch das BEPS-Projekt der OECD vorgegebenen Country-by-Country-Reporting (CbCR) haben multinationale Unternehmensgruppen **länderbezogene Berichte** hinsichtlich des Umsatzes, gezahlter Ertragsteuern, einbehaltener Gewinne etc. den Finanzbehörden mitzuteilen. In der deutschen Umsetzung werden diese Daten ausgehend vom Konzernabschluss der Unternehmensgruppe übermittelt. Da der Aktionspunkt der OECD und die EU-Richtlinie 2016/881/EU diese Beschränkung nicht vorsehen, soll dieses Detail durch das Jahressteuergesetz 2020 aus § 138a AO entfernt werden. Damit können die Daten auch aus anderen Datenquellen erhoben werden (§ 138a Abs. 2 Nr. 1 AO-E). Dies war zwar schon vorher möglich, wird durch die Änderung jedoch klargestellt. Durch Angleichung an die Richtlinie müssen nun **alle Geschäftseinheiten** mit in den Bericht einbezogen werden. Dies gilt speziell auch für kleinere, die aufgrund von Wahlrechten nicht im Konzernabschluss aufgeführt werden.

Hinweis

Die Neuregelung ist auf alle offenen Fälle anzuwenden (Art. 97 § 31 Satz 3 EGAO-E).

2.5.8 Entwurf für ein Anwendungsschreiben zur Mitteilungspflicht grenzüberschreitender Steuergestaltungen

Mit dem „Gesetz zur Einführung einer Pflicht zur Mitteilung grenzüberschreitender Steuergestaltungen“ v. 21.12.2019 (BGBl 2019 I S. 2875) wurde die EU-Amtshilferichtlinie 2018/822 („DAC 6“) in deutsches Recht umgesetzt. Diese sieht vor, dass die EU-Mitgliedstaaten bis zum 31.12.2019 eine Pflicht zur Mitteilung grenzüberschreitender Steuergestaltungen sowie einen diesbezüglichen zwischenstaatlichen Informationsaustausch einführen müssen. Die Mitteilungspflicht ist in Deutschland mit Wirkung ab dem 1.7.2020 anzuwenden.

Ausgangspunkt der Regelung zu den Mitteilungspflichten ist § 138d AO. Wer eine grenzüberschreitende Steuergestaltung im Sinne des neugeschaffenen § 138d Abs. 2 AO vermarktet, für Dritte konzipiert, organisiert, zur Nutzung bereitstellt oder ihre Umsetzung durch Dritte verwaltet, muss als sog. Intermediär dem Bundeszentralamt für Steuern (BZSt) diese Gestaltung mitteilen. Vorrangig müssen die Intermediäre (insbesondere Rechtsanwälte, Steuerberater, Banken) solche grenzüberschreitenden Steuergestaltungen an die Finanzbehörden melden, nur nachrangig bzw. in bestimmten Konstellationen die Steuerpflichtigen (sog. Nutzer).

Das Bundeszentralamt für Steuern (BZSt) hat einen 72-seitigen Diskussionsentwurf für ein Anwendungsschreiben zur Mitteilungspflicht für grenzüberschreitende Steuergestaltungen auf seiner Internetseite eingestellt (BMF, Entwurf eines Schreibens v. 14.7.2020, IV A 3 – S 0304/19/10006 :008). Er enthält u.a. Hinweise zur Auslegung des sachlichen und persönlichen Anwendungsbereichs der Mitteilungspflichten und zur Auslegung der Kennzeichen sowie zum Verfahren der Mitteilung. Die Entwurfsfassung gibt den aktuellen Stand der Erörterungen zwischen den obersten Finanzbehörden des Bundes und der Länder wieder und ist noch nicht final abgestimmt. Das BZSt kündigte aber an, im Hinblick auf die Auslegung der §§ 138d ff. AO entsprechend dem gegenwärtigen Diskussionsstand des BMF-Schreibens zu verfahren.

Hinweis

Zu einer Corona-bedingten Fristverlängerung findet sich in dem Entwurf keine Aussage. Die Meldung der meldepflichtigen grenzüberschreitenden Steuergestaltungen für die Übergangsphase (25.6.2018 bis 30.6.2020) musste damit bis zum 31.8.2020 erfolgen.

Die Anzeige muss nach einem amtlich vorgeschriebenen Datensatz und über eine amtlich bestimmte Schnittstelle erfolgen (§ 138f Abs. 1 AO). Nähere Informationen hierzu hatte das BMF bereits mit Schreiben v. 29.4.2020 (BStBl 2020 I S. 519) bekanntgegeben.

Hinweis

Ein Verstoß gegen die Meldepflicht gilt als Ordnungswidrigkeit. Er wird als Steuergefährdung in § 379 Abs. 2 AO eingereiht, wobei eine maximale Geldbuße von 25.000 EUR möglich ist. Allerdings gelten die Sanktionen erst für Gestaltungen, für die nach dem 30.6.2020 eine Mitteilungspflicht ausgelöst wurde.

2.6 Außensteuerrecht

2.6.1 Korrektur nach § 1 AStG (Konzernfinanzierung)

Der I. Senat des BFH hat zu weiteren Sperrwirkungsfällen geurteilt und folgt seiner in 2019 geänderten Rechtsprechung, wonach bei **unbesicherten konzerninternen Darlehen** eine **Teilwertabschreibung** gem. § 1 Abs. 1 AStG zu korrigieren ist (Altfälle vor Einführung des § 8b Abs. 3 Satz 4ff. KStG). Diese Einkünftekorrektur wird nicht (mehr) durch Art. 9 Abs. 1 OECD-MA gesperrt. Auch das Unionsrecht steht dem nicht entgegen (BFH, Urteile v. 27.2.2019, I R 73/16, I R 51/17, I R 81/17).

Hinweis

Das BMF hat die vom BFH ergangenen Urteile I R 51/17 und I R 81/17 vom 27.2.2019 im Bundessteuerblatt II veröffentlicht (BStBl 2019 II S. 440 und 443). Damit wendet die Finanzverwaltung die in den Urteilen aufgestellten Grundsätze zur Einkünftekorrektur bei grenzüberschreitenden Forderungen bzw. Konzernfinanzierung künftig auch über den Einzelfall hinaus an.

Gegen das BFH-Urteil v. 27.2.2019, I R 73/16 ist eine Verfassungsbeschwerde beim BVerfG anhängig (2 BvR 1161/19).

Im Jahr 2020 hat der BFH weitere Urteile zu dieser Thematik veröffentlicht. Im Urteilsfall I R 32/17 hat die deutsche Konzernmuttergesellschaft bzw. mit dieser verbundene Organgesellschaften unbesicherte, aber – bis auf einen Fall – festverzinsliche Darlehen an ihre ausländischen Tochtergesellschaften vergeben (Frankreich und USA). In dem Sonderfall wurde statt des festen Zinssatzes als Gegenleistung eine **jährliche Beteiligung am Bilanzgewinn** gewährt. Im Streitjahr (2005) schrieb die deutsche Konzernmutter die Darlehen gewinnmindernd ab. Die von dem Finanzamt vorgenommene Einkünftekorrektur über § 1 Abs. 1 AStG hat der BFH mit Urteil vom 19.6.2019 (I R 32/17) bestätigt. Eine fehlende Besicherung indiziere fremdunübliche Bedingungen i.S. des § 1 Abs. 1 AStG. Eine konkrete Fremdvergleichsprüfung hatte das FG jedoch unterlassen.

Hinweis

Anders als noch im Verfahren I R 73/16 hat der BFH die Rechtssache an das FG zurückverwiesen. Dieses hat nunmehr zur klären, ob die Darlehensvereinbarungen dem entsprechen, was ein fremder Dritter vereinbart hätte. Hierbei soll nach Auffassung des BFH insbesondere zu berücksichtigen sein, dass auch bei variabler Verzinsung grundsätzlich keine abweichenden **Maßstäbe zur Fremdüblichkeit** anzuwenden seien. Weiterhin sei auf die konkrete Ertragssituation der darlehensnehmenden Gesellschaft abzustellen, wobei die Ausreichung unbesicherter Darlehen durch fremde Dritte an die Konzernobergesellschaft unerheblich sein soll.

In einem NV-Verfahren (I R 54/17) hat der BFH die vom FG unterlassene Fremdvergleichsprüfung aufgrund der festgestellten Umstände nachgeholt. Im Urteilsfall gewährte eine deutsche Muttergesellschaft an ihre britische Tochtergesellschaft einen unbesicherten aber verzinslichen Kontokorrentkredit. Dieser wurde sodann gewinnmindernd ausgebucht. Auch hier hat der BFH die **Nichtbesicherung der Rückzahlungsforderung** des Darlehens als fremdunübliche Bedingung eingestuft und entsprechend eine Einkünftekorrektur gem. § 1 Abs. 1 AStG bejaht.

Hinweis

Einer Zurückverweisung der Sache an das FG zur weiteren Sachaufklärung bedurfte es in diesem Fall nicht. Dies ergab sich nach Ansicht des BFH u.a. aus dem Umstand, dass es sich bei der britischen Tochtergesellschaft um ein **neu gegründetes Unternehmen** handelte, dessen wirtschaftlicher Erfolg nicht absehbar gewesen ist; auch sei nicht erkennbar, dass – nach Maßgabe dessen, was fremde Dritte vereinbart hätten – der Zinssatz von 6,5 % p.a. die fehlende Besicherung und das hiermit verbundene Ausfallrisiko kompensieren könnte.

Neben der – weitgehend geklärten – Sperrwirkungsfrage stellte sich im Streitfall überdies ein Sonderproblem: Die deutsche Konzernmuttergesellschaft hatte zu Buchwerten Wirtschaftsgüter an ihre maltesische Tochterkapitalgesellschaft übertragen. Es stellte sich daher auch die Frage der steuerlichen Behandlung einer **grenzüberschreitenden verdeckten Einlage**.

Für diese komme grundsätzlich ebenfalls eine Korrektur nach § 1 Abs. 1 AStG in Betracht. Nach Auffassung des I. Senats kann auch eine verdeckte Einlage grundsätzlich eine „Geschäftsbeziehung" i.S. des § 1 Abs. 4 AStG darstellen, wenn sich die materielle Gesellschafterstellung (Beteiligungshöhe oder -rechte) nicht ändert. Hierbei soll wohl auch eine Zuführung zur Kapitalrücklage eine Verstärkung der **Gesellschafterstellung** bewirken. Ob sich diese geändert hat, ist anhand des Gesellschaftsrechts der empfangenden Gesellschaft – also im Streitfall des maltesischen Gesellschaftsrechts – zu prüfen. Da das FG keine diesbezügliche Feststellung vornahm, hat der BFH an dieses zurückverwiesen.

Hinweis

Die Frage der Anwendbarkeit von § 1 Abs. 1 AStG war auch **entscheidungserheblich**. Denn neben § 1 Abs. 1 AStG ist auf die verdeckte Einlage auch § 6 Abs. 6 Satz 2 EStG anzuwenden. Nach dieser speziellen Bewertungsvorschrift erfolgt eine Übertragung von Wirtschaftsgütern grundsätzlich zum **Teilwert**. Im Streitfall hätte dies eine Sofortbesteuerung ausgelöst. Diese wäre jedoch nach Auffassung des I. Senats unionsrechtskonform abzumildern. Eine Stundungsmöglichkeit sehe aber § 6 Abs. 6 Satz 2 EStG nicht vor.

Darüber hinaus hat sich der BFH in zwei Urteilen (I R 14/18 und I R 34/18, NV, BFH/NV 2020 S. 755 und S. 757) zur **Kompensation der** – aus seiner Sicht dem Grunde nach – **fremdunüblichen Nichtbesicherung** und dem damit verbundenen Ausfallrisikos durch einen höheren Zinssatz geäußert. Allerdings war in beiden Entscheidungen für den BFH eine solche kompensatorische Wirkung der Zinsen aus dem Sachverhalt auch nicht ansatzweise erkennbar.

In I R 14/18 gewährte die deutsche Muttergesellschaft (AG) ihrer bereits überschuldeten amerikanischen Tochterkapitalgesellschaft (Inc.) nicht besicherte Schuldscheindarlehen. Der vereinbarte Zinssatz richtete sich nach dem Leitzins der US-Geschäftsbanken an ihre Kunden mit bester Bonität zzgl. eines Prozentpunktes. Den Aufwand aus der gewinnmindernden Abschreibung der Schuldscheindarlehen hat das Finanzamt dem Gewinn gem. § 1 Abs. 1 AStG außerbilanziell wieder hinzugerechnet. Diese Einkünftekorrektur hat der BFH bestätigt. Ausschlaggebend war wieder die Nichtbesicherung des Darlehens als Umstand, der dem **Fremdvergleich** bereits dem Grunde nach nicht standhält.

Hinweis

Der BFH hat sich in diesem Urteil erstmals zur **konkreten Fremdvergleichsprüfung** geäußert. Die Nichtbesicherung des Schuldscheindarlehens kann demnach fremdüblich sein, allerdings nur bei hervorragender Bonität des Darlehensnehmers. Die **Bonitätsprüfung** hat anhand konkreter Verhältnisse des Darlehensnehmers zu erfolgen. Da im konkreten Fall die amerikanische Tochterkapitalgesellschaft überschuldet war und sich in einer dauerdefizitären Situation befand, hätte ein nicht verbundener Darlehensgeber das Schuldscheindarlehen nicht ohne Sicherheiten gewährt. Daher war die Nichtbesicherung im Ergebnis fremdunüblich. Im Weiteren musste sich der BFH nicht inhaltlich mit dem EuGH-Urteil Hornbach-Baumarkt auseinandersetzen, da im Verhältnis zum Drittstaat in der in Rede stehenden Konstellation die Kapitalverkehrsfreiheit durch die Niederlassungsfreiheit verdrängt wird.

Im Fall I R 34/18 verzichtete eine inländische OHG gegenüber ihrer italienischen Tochterkapitalgesellschaft (S.R.L.) auf den wertlosen Teil einer **nicht besicherten Forderung gegen Besserungsschein**. Die Forderung wurde verzinst. Der Zinssatz reduzierte sich in den Streitjahren sukzessive von anfänglich 4,57 % auf letztlich 3,13 %. Das Finanzamt neutralisierte die Gewinnminderung durch die außerbilanzielle Hinzurechnung nach § 1 Abs. 1 AStG. Der BFH bejahte die Einkünftekorrektur.

Hinweis

Insbesondere konkretisierte er zudem seine Aussagen zur Vereinbarkeit des § 1 Abs. 1 AStG mit Unionsrecht vor dem Hintergrund des EuGH-Urteils Hornbach-Baumarkt (Urteil v. 31.5.2018, C-382/16). Aus der EuGH-Rechtsprechung ergibt sich für den BFH, dass in Fällen einer **rein künstlichen Gestaltung** die Korrektur nach § 1 Abs. 1 AStG „per se“ unionsrechtskonform ist. Nur in Fällen, in denen keine rein künstliche Gestaltung vorliegt, verbietet das

Unionsrecht eine Korrektur gem. § 1 Abs. 1 AStG, wenn das Vorliegen wirtschaftlicher Gründe die fremdunüblichen Bedingungen rechtfertigen kann.

Die Feststellung der wirtschaftlichen Gründe obliegt dem nationalen Gericht. Hierbei ist im Einzelfall abzuwägen, ob die wirtschaftlichen Gründe schwerer wiegen als der Eingriff in den Territorialitätsgrundsatz und die hierauf gründende Zuordnung der Besteuerungsrechte.

Im Urteil I R 21/18 (BFH/NV 2020 S. 759) war eine deutsche GmbH zu 50 % an einer französischen Kapitalgesellschaft (S.A.R.L.) beteiligt. Die übrigen Anteile hielt der Geschäftsführer der GmbH, der zugleich alleiniger Anteilseigner der Muttergesellschaft der deutschen GmbH war. Die deutsche GmbH gewährte ihrer französischen Tochtergesellschaft ein verzinsliches (6 % p.a.), aber **unbesichertes Darlehen**. Der Rückzahlungszeitpunkt des Darlehens sowie die Tilgungsraten sollten erst zu einem späteren Zeitpunkt bestimmt werden. Das Finanzamt korrigierte die gewinnmindernden Teilwertabschreibungen auf das Darlehen gem. § 1 Abs. 1 AStG.

Hinweis

Strittig war im konkreten Fall, ob das **Darlehen steuerrechtlich anzuerkennen** sei oder ob es sich um eine verdeckte Einlage handele, die zur Erhöhung der Anschaffungskosten auf den Beteiligungsansatz führe. Im Falle der verdeckten Einlage wäre die Abschreibung gem. § 8b Abs. 3 Satz 3 KStG zu korrigieren. Für die steuerrechtliche Anerkennung des Darlehens ist eine Gesamtbetrachtung vorzunehmen, wobei insbesondere auf die **Rückzahlungsabsicht** abzustellen ist. Liegt diese nicht vor und geht das zugeführte Kapital dauerhaft in das Vermögen über, ist von einer Eigenkapitalüberlassung auszugehen. Die Abgrenzung ist anhand einer gebotenen Gesamtbetrachtung vorzunehmen. Im konkreten Fall waren laut BFH in der Nichtbesicherung und in den fehlenden Bestimmungen zum Rückzahlungszeitpunkt und zu den Tilgungsraten fremdunübliche Umstände zu sehen. Mangels Feststellungen des FG konnte der BFH allerdings die zur **Abgrenzung von Eigen- und Fremdkapital** für Zwecke des § 8b Abs. 3 Satz 3 KStG gebotene Gesamtabwägung nicht vornehmen. Diese war auch nicht entbehrlich, da das FG auch keine Feststellungen getroffen hat, ob die fehlende Besicherung i. R. d. Prüfung des § 1 Abs. 1 AStG fremd(un)üblich ist.

2.6.2 Verzicht auf Darlehenszinsen in grenzüberschreitenden Dreieckskonstellationen

Laut BFH ist die Korrektur einer verdeckten Gewinnausschüttung (§ 8 Abs. 3 Satz 2 KStG) nicht vorrangig gegenüber der Korrekturvorschrift des § 1 Abs. 1 AStG anzuwenden. Er sieht vielmehr ein Parallellaufen beider Vorschriften (BFH, Urteil v. 27.11.2019, I R 40/19, BFH/NV 2020 S. 1307). Damit widersprach er seinem Urteil v. 9.11.1988 (I R 335/83, BStBl 1989 II S. 510).

Im Sachverhalt war eine Kapitalgesellschaft Alleingesellschafterin (und damit wesentlich beteiligt im Sinne des AStG) ihrer inländischen Organgesellschaft (A-GmbH) und einer tschechischen Tochtergesellschaft. Die Muttergesellschaft und die A-GmbH gewährten der tschechischen Tochtergesellschaft zunächst zu je 6,3 % verzinste Darlehen. Im Laufe des Streitjahres 2003 wurden diese Darlehen sowohl von der Muttergesellschaft als auch von der tschechischen Schwestergesellschaft sowohl rückwirkend als auch mit Wirkung für die Zukunft zinsfrei gestellt. Streitig war, ob die Zinseinnahmen nach § 1 AStG und/oder nach § 8 Abs. 3 Satz 2 KStG außerbilanziell zu korrigieren sind.

Die **Vorteilsgewährung (rückwirkende Zinsfreistellung)** der A-GmbH an die tschechische Schwestergesellschaft führt nach der Rechtsprechung des Großen Senats (Beschluss v. 26.10.1987, GrS 2/86) zu einer Einkommenserhöhung bei der A-GmbH infolge der verdeckten Gewinnausschüttung der A-GmbH an die Muttergesellschaft. Die **Weiterreichung des Vorteils** über die Muttergesellschaft an die tschechische Tochtergesellschaft stellt zudem bei der Muttergesellschaft eine den Beteiligungsbuchwert erhöhende **verdeckte Einlage** dar, sofern die bereits entstandenen Zinsforderungen werthaltig sind. Mangels Feststellungen des FG, hat dieses im zweiten Rechtsgang zu prüfen, falls und soweit die Zinsforderungen wertlos waren und keine werthaltige Besicherung der Zinszahlungen bestand, ob die fehlende Besicherung fremdunüblich ist. Bei fremdunüblicher Besicherung ist laut BFH ggf. nach § 1 Abs. 1 AStG zu korrigieren. Gleiches gilt für die Darlehensvergabe der Muttergesellschaft an die tschechische Tochtergesellschaft.

Hinweis
Der **Verzicht auf zukünftige Zinsen** seitens der A-GmbH gegenüber der tschechischen Tochtergesellschaft ist laut BFH gem. § 1 Abs. 1 AStG und nicht nach § 8 Abs. 3 Satz 2 KStG zu korrigieren. Der I. Senat sieht kein Vorrangverhältnis der Korrektur nach § 8 Abs. 3 Satz 2 KStG gegenüber § 1 Abs. 1 AStG. Vielmehr überlagern laut BFH beide Normen einander in dem Sinne, dass sich eine Gewinnkorrektur nach der einen Vorschrift erübrigt, wenn sie bereits nach der anderen Vorschrift vollzieht. Soweit die Rechtsfolgen beider Vorschriften nicht voneinander abweichen, könne der **Rechtsanwender wählen**, welche er vorrangig prüft.

Da sich jedoch im konkreten Fall verschiedene Rechtsfolgen ergaben, war laut BFH nicht nach § 8 Abs. 3 Satz 2 KStG, sondern nach § 1 Abs. 1 AStG zu korrigieren. § 1 Abs. 1 AStG soll den Inlandsgewinn erfassen, wie er sich ergeben hätte, wenn die Geschäftsbeziehung zwischen der A-GmbH und der tschechischen Tochtergesellschaft „zutreffend" durchgeführt worden wäre. Bei zutreffender Durchführung wären die Zinseinnahmen der A-GmbH im Rahmen des bestehenden **Organschaftsverhältnisses** der Alleingesellschafterin zugerechnet worden. Eine solche Zurechnung hätte sich hingegen nicht über die Korrektur nach § 8 Abs. 3 Satz 2 KStG ergeben. Zwar hätte sich das Einkommen zunächst bei der A-GmbH erhöht. Bei Weiterreichung des Vorteils wäre dieser mangels einlagefähigem Vermögensvorteil verbraucht worden und hätte das Einkommen der Muttergesellschaft gemindert. Im Ergebnis wären die Zinseinnahmen nicht im „zutreffenden" Inlandsgewinn erfasst und besteuert worden. Demgemäß führte die Anwendung des § 1 Abs. 1 AStG zu weitergehenden Berichtigungen als die Anwendung des § 8 Abs. 3 Satz 2 KStG und ist daher neben den Rechtsfolgen der anderen Vorschriften durchzuführen.

Hinweis
Auch hier verwies der BFH mangels Feststellungen über die Werthaltigkeit der Zinsforderungen als auch die Fremdüblichkeit der fehlenden Besicherung an die Vorinstanz zurück. Zudem hat das FG zu prüfen, ob **wirtschaftliche Gründe für die Darlehensgewährung** der Muttergesellschaft an die tschechische Tochtergesellschaft einer Korrektur nach § 1 Abs. 1 AStG entgegenstehen (entscheidungserheblich ab EU-Beitritt am 1.5.2004).

2.6.3 Gegenbeweis für die reguläre Hinzurechnungsbesteuerung in Drittstaatenfällen

Der BFH eröffnet für die reguläre Hinzurechnungsbesteuerung nach § 7 Abs. 1 AStG die Möglichkeit des Gegenbeweises in Drittstaatenfällen unter Verweis auf die Kapitalverkehrsfreiheit (BFH, Urteil v. 18.12.2019, I R 59/17, BFH/NV 2020 S. 1312). In dem konkreten Fall verneinte der BFH in einem Drittstaatenfall (da Ungarn damals noch nicht der EU angehörend) ab Feststellungsjahre 2002 die Anwendung der Stand-Still-Klausel und konnte daher die Regelung des § 7 Abs. 1 AStG anhand der Kapitalverkehrsfreiheit prüfen. Da im vorliegenden Fall keine rein künstliche Gestaltung vorlag, sah der BFH einen nicht gerechtfertigten Verstoß gegen die Kapitalverkehrsfreiheit und hob daher die betroffenen Hinzurechnungsbescheide auf.

Hinweis
Die Nutzung der Ausführungen sollten daher für entsprechende Drittstaatenfälle geprüft werden, in denen auch ein ausreichender Informationsaustausch gewährleistet ist. Zu den geplanten Änderungen im AStG infolge der ATAD-Umsetzung vgl. Ausführungen im Kapitel Ausblick Tz. 2.12.

2.7 Lohnsteuer

2.7.1 Definition des Zusätzlichkeitserfordernisses

In 2019 hatte der BFH seine Rechtsprechung zum Zusätzlichkeitserfordernis, das für die lohnsteuerliche Begünstigung bestimmter Arbeitgeberleistungen von Bedeutung ist, geändert. Nach den Urteilen v. 1.8.2019 (VI R 21/17, VI R 40/17 und VI R 32/18) kommt es nicht mehr auf den „Anspruch“ des Arbeitnehmers bzw. den Freiwilligkeitsvorbehalt des Arbeitgebers an (freiwillig zu dem bis dato dem Arbeitnehmer verbindlich zustehenden Arbeitslohn), sondern die **Zweckgebundenheit** ist laut BFH **ausschlaggebend** für die Zusätzlichkeit. Die Finanzverwaltung folgt dieser Rechtsauffassung nicht und belegte das Urteil im Vorgriff auf eine entsprechende Gesetzesänderung mit einem Nichtanwendungserlass (BMF, Schreiben v. 5.2.2020, BStBl 2020 I S. 222).

Mit dem Jahressteuergesetz 2020 reagiert nun der Gesetzgeber mit einer gesetzlichen Definition der Zusätzlichkeit. Der Wortlaut des neuen § 8 Abs. 4 EStG-E entspricht dabei der Definition im o.g. BMF-Schreiben v. 5.2.2020. Leistungen des Arbeitgebers oder auf seine Veranlassung eines Dritten (Sachbezüge oder Zuschüsse) für eine Beschäftigung werden nur dann „zusätzlich zum ohnehin geschuldeten Arbeitslohn“ erbracht, wenn

- die Leistung nicht auf den Anspruch auf Arbeitslohn angerechnet,
- der Anspruch auf Arbeitslohn nicht zugunsten der Leistung herabgesetzt,
- die verwendungs- oder zweckgebundene Leistung nicht anstelle einer bereits vereinbarten künftigen Erhöhung des Arbeitslohns gewährt und
- bei Wegfall der Leistung der Arbeitslohn nicht erhöht wird.

Aufgrund einer Empfehlung des Bundestags-Finanzausschusses soll unter den Voraussetzungen des neuen Satzes 1 von einer Zusätzlichkeit auch auszugehen sein, wenn der Arbeitnehmer arbeitsvertraglich oder auf Grund einer anderen arbeits- oder dienstrechtlichen Rechtsgrundlage (wie Einzelvertrag, Betriebsvereinbarung, Tarifvertrag, Gesetz) einen Anspruch auf diese hat (§ 8 Abs. 4 Satz 2 EStG-E).

Hinweis

Über die allgemeine Anwendungsregelung des § 52 Abs. 1 EStG in der derzeit geltenden Fassung soll die gesetzliche Definition erstmals (rückwirkend) auf Leistungen des Arbeitgebers oder auf seine Veranlassung eines Dritten (Sachbezüge oder Zuschüsse) anwendbar sein, die in einem nach dem 31.12.2019 endenden Lohnzahlungszeitraum oder als sonstige Bezüge nach dem 31.12.2019 zugewendet werden.

2.7.2 Reisekosten von Arbeitnehmern

Die Finanzverwaltung hat ihr umfangreiches Anwendungsschreiben zur steuerlichen Behandlung von Reisekosten überarbeitet. Neben der Einarbeitung der aktuell geltenden Beträge für Verpflegungsmehraufwendungen und Sachbezugswerte reagiert das BMF insbesondere auf jüngere BFH-Rechtsprechung zur ersten Tätigkeitsstätte, Mahlzeitengestellung und doppelten Haushaltsführung (BMF, Schreiben v. 25.11.2020, IV C 5 – S 2353/19/10011 :006).

Laut BMF ist nach den vorgenommenen **Konkretisierungen eine Tätigkeitsstätte** eine von der Wohnung getrennte, ortsfeste betriebliche Einrichtung, die räumlich zusammengefasste Sachmittel umfasst, die der beruflichen Tätigkeit dienen und mit dem Erdboden verbunden oder dazu bestimmt sind, überwiegend standortgebunden genutzt zu werden. Auch eine „großräumige“ erste Tätigkeitsstätte soll künftig als Tätigkeitsstätte berücksichtigt werden. Dazu sollen z.B. Werksanlagen oder Flughäfen zählen (vgl. auch BFH, Urteile v. 11.4.2019, VI R 12/17, BStBl 2019 II S. 551 und VI R 40/16, BStBl 2019 II S. 546). Daneben äußert sich das BMF u.a. auch zu den Anforderungen an die Zuordnung der Tätigkeitsstätte, den Kriterien einer Mahlzeit im Rahmen der Mahlzeitengestellung (Kürzung der Verpflegungspauschalen) sowie den Anforderungen an die Haupt- und Zweitwohnung bei einer doppelten Haushaltsführung.

Hinweis

Das neue Anwendungsschreiben ersetzt das BMF-Schreiben vom 24.10.2014 und ist grundsätzlich in allen noch offenen Fällen anzuwenden. Die **Verpflegungspauschalen** wurden durch das sog. Jahressteuergesetz 2019 (BGBl 2019 I S. 2451) mit Wirkung für den VZ 2020 (bzw. nach dem 31.12.2019 endende Lohnzahlungszeiträume) für volle Kalendertage (24 Stunden Abwesenheit) auf 28 EUR, für An- und Abreisetage sowie für Tage mit mehr als acht Stunden Abwesenheit (ohne Übernachtung) auf 14 EUR erhöht (§ 9 Abs. 4a Satz 3 EStG).

2.7.3 Förderung des Gesundheitszustands

Mit Wirkung ab dem VZ 2020 wurde durch das Dritte Bürokratieentlastungsgesetz v. 22.11.2019 (BGBl 2019 I S. 1746) die steuerliche Förderung von Leistungen des Arbeitgebers zur Förderung des Gesundheitszustands des Arbeitnehmers verbessert. Danach sind nun **zusätzlich zum ohnehin geschuldeten Arbeitslohn** erbrachte bestimmte Gesundheitsleistungen des Arbeitgebers (u.a. Anforderungen der §§ 20 und 20b des SGB V zu beachten) **steuerfrei**, soweit sie 600 EUR im Kalenderjahr nicht übersteigen (§ 3 Nr. 34 EStG).

Hinweis

Vgl. zum Zusätzlichkeitserfordernis Ausführungen in Kapitel Rückblick Tz. 2.7.1.

2.7.4 Abgrenzung von Bar- und Sachlohn

Die Abgrenzung zwischen Bar- und Sachlohn sorgt immer wieder für Probleme. Durch das sog. Jahressteuergesetz 2019 v. 12.12.2019 (BGBl 2019 I S. 2451) wurde in Reaktion auf jüngere BFH-Urteile der **Begriff der Geldleistung** mit Wirkung ab dem VZ 2020 (bzw. nach dem 31.12.2019 endende Lohnzahlungszeiträume) **gesetzlich festgeschrieben**.

Danach gehören zu den **Einnahmen in Geld** auch zweckgebundene Geldleistungen, nachträgliche Kostenerstattungen, Geldsurrogate und andere Vorteile, die auf einen Geldbetrag lauten (§ 8 Abs. 1 Satz 2 EStG). Gutscheine und Geldkarten, die ausschließlich zum Bezug von Waren oder Dienstleistungen berechtigen und die Kriterien des § 2 Abs. 1 Nr. 10 des Zahlungsdiensteaufsichtsgesetzes (ZAG) erfüllen, sind dagegen als **Sachbezug** definiert (§ 8 Abs. 1 Satz 3 EStG).

Im Hinblick auf die Schwierigkeiten bei der praktischen Umsetzung der gesetzlichen Begriffsbestimmung „Sachbezug Gutschein oder Geldkarte" durch die Anknüpfung an die Regelungen des Zahlungsdiensteaufsichtsgesetzes will das BMF ein Anwendungsschreiben zur neu geregelten Abgrenzung von Geld- und Sachleistungen veröffentlichen. Der Entwurf für das Anwendungsschreiben wurde am 12.6.2020 den Verbänden vorgelegt. Darin erläutert das BMF seine Sicht, welche Gutscheine und Geldkarten nach lohn- und einkommensteuerlicher Auslegung diese Kriterien erfüllen.

Als **Beispiele für Sachbezug** nennt der Entwurf u.a. wiederaufladbare Geschenkkarten für den Einzelhandel, Centergutscheine oder Kundenkarten von Shopping-Centern, Malls und Outlet-Villages sowie „City-Card" und Stadtgutscheine. Karten von Online-Händlern sollen als Sachbezug gelten, wenn sie nur zum Bezug von Waren oder Dienstleistungen aus der eigenen Produktpalette berechtigten, nicht jedoch, wenn sie auch für Produkte von Fremdanbietern (z.B. Marketplace) einlösbar sind.

Als **Beispiele für Geldleistungen** werden u.a. Gutscheine oder Geldkarten genannt, die über eine Barauszahlungsfunktion verfügen, für Überweisungen (z.B. PayPal) verwendet werden können oder als generelles Zahlungsinstrument hinterlegt werden können. Als Geldleistungen benennt das BMF auch zweckgebundene Geldleistungen und nachträgliche Kostenerstattungen.

Hinweis

Der Entwurf des BMF-Schreibens beinhaltet neben allgemeinen Ausführungen (etwa Zuflusszeitpunkt) auch die Abgrenzung von **im Rahmen der betrieblichen Altersversorgung geleisteten laufenden Beiträgen** und Zuwendungen. Der Entwurf sieht nur die Gewährung von Krankenversicherungsschutz bei Abschluss einer Krankenversicherung und Beitragszahlung durch den Arbeitgeber als Sachbezug vor; nicht dagegen eine Zahlung des Arbeitgebers an den Arbeitnehmer bei Abschluss einer Krankenversicherung und Beitragszahlung durch den Arbeitnehmer, auch wenn die Zahlung mit der Auflage verbunden ist, mit einem vom Arbeitgeber benannten Unternehmen eine Versicherung abzuschließen. Bei der Gewährung von Unfallversicherungsschutz, soweit der Arbeitnehmer den Versicherungsanspruch unmittelbar gegenüber dem Versicherungsunternehmen geltend machen kann, soll ebenfalls ein Sachbezug vorliegen, sofern die Beiträge nicht nach § 40b Abs. 3 EStG pauschal versteuert werden (insoweit Überholung der Tz. 2.2.1. des BMF-Schreibens v. 28.10.2009, BStBl 2009 I S. 1275, zur Behandlung von freiwilligen Unfallversicherungen).

Hinweis

Die Abgrenzung zwischen Bar- und Sachlohn ist insbesondere für die Anwendung der 44-EUR-Freigrenze und die Pauschalierung der Einkommensteuer bei Sachzuwendungen (§ 37b EStG) von Bedeutung. Nach dem Entwurf sollen die neuen Grundsätze ohne Übergangsregelung rückwirkend ab 1.1.2020 anzuwenden sein und das BMF-Schreiben v. 10.10.2013 (BStBl 2013 I S. 1301) ersetzen. Zum Redaktionsschluss (9.12.2020) lag noch kein finales Schreiben vor. Bestehende oder neu aufzulegende Gutscheinsysteme sollten einer genauen Analyse unterzogen werden.

2.7.5 Corona-Bonus

Zur Abmilderung der zusätzlichen Belastungen durch die Corona-Krise können/konnten Arbeitgeber ihren Arbeitnehmern in der Zeit vom 1.3.2020 bis zum 31.12.2020 zusätzlich zum ohnehin geschuldeten Arbeitslohn **Beihilfen** und **Unterstützungen** bis zu einem Betrag von **1.500 EUR steuerfrei** in Form von Zuschüssen und Sachbezügen gewähren.

Eine entsprechende Regelung hatte das BMF bereits mit BMF-Schreiben v. 9.4.2020 (BStBl 2020 I S. 503) auf den Weg gebracht, die mit dem Corona-Steuerhilfegesetz v. 19.6.2020 (BGBl 2020 I S. 1385) auch gesetzlich abgesichert wurde. Die zusätzlich zum ohnehin geschuldeten Arbeitslohn geleisteten steuerfreien Sonderzahlungen finden nun ihre Rechtsgrundlage in § 3 Nr. 11a EStG.

Mit Schreiben v. 26.10.2020 (IV C 5 – S 2342/20/10012 :003) nimmt die Finanzverwaltung nun auf die gesetzliche Rechtsgrundlage Bezug und ersetzt damit auch formell das BMF-Schreiben v. 9.4.2020.

U. a. hält das BMF fest, dass die neue Regelung des § 3 Nr. 11a EStG als „lex specialis" Vorrang vor § 3 Nr. 11 EStG hat und für die Steuerfreistellung der Corona-Sonderzahlungen anzuwenden ist. Weiterhin weist das BMF u.a. darauf hin, dass arbeitgeberseitig geleistete Zuschüsse zum Kurzarbeitergeld nach § 3 Nr. 28a EStG (siehe nachfolgend Tz. 2.7.6) unter Berücksichtigung der Beitragsbemessungsgrenze in der Rentenversicherung begünstigt sind und grundsätzlich nicht unter die Steuerbefreiung nach § 3 Nr. 11a EStG fallen. Nach dem BMF-Schreiben v. 9.4.2020 waren diese noch von keiner Steuerbefreiungsnorm erfasst.

Zuschüsse zum Kurzarbeitergeld bei Überschreiten der Beitragsbemessungsgrenze fallen laut BMF weder unter die § 3 Nrn. 11 und 11a EStG noch unter § 3 Nr. 2 Buchstabe a EStG. Vgl. zum Zusätzlichkeitserfordernis Kapitel Rückblick Tz. 2.7.1

Hinweis

Die steuerfreien Leistungen sind **im Lohnkonto aufzuzeichnen**, werden aber nicht auf der Lohnsteuerbescheinigung des Jahres 2020 ausgewiesen. Arbeitnehmer müssen einen erhaltenen Corona-Bonus nicht in der Einkommensteuererklärung angeben.

Auch Sonderleistungen i.S.v. § 150a SGB XI an Arbeitnehmer in Pflegeeinrichtungen (sog. Pflegebonus) fallen dem Grunde nach unter diese Steuerbefreiung. Durch das Jahressteuergesetz 2020 soll die Zahlungsfrist für den Corona-Bonus i.S. des § 3 Nr. 11a EStG bis zum 30.6.2021 verlängert werden.

2.7.6 Arbeitgeberzuschüsse zum Kurzarbeitergeld

Mit dem Corona-Steuerhilfegesetz v. 19.6.2020 (BGBl 2020 I S. 1385) wurde außerdem die Norm des § 3 Nr. 28a EStG eingefügt, nach der – zeitlich befristet (für Lohnzahlungszeiträume, die nach dem 29.2.2020 beginnen und vor dem 1.1.2021 enden) – auch Arbeitgeberzuschüsse zum Kurzarbeitergeld steuerfrei gestellt werden können, soweit sie zusammen mit dem Kurzarbeitergeld 80 % des Unterschiedsbetrags zwischen dem Soll-Entgelt und dem Ist-Entgelt nicht übersteigen.

Die Regelung soll durch das Jahressteuergesetz 2020 um ein Jahr verlängert werden. Damit gilt die Steuerfreiheit für Lohnzahlungszeiträume, die nach dem 29.2.2020 beginnen und vor dem 1.1.2022 enden (§ 3 Nr. 28a EStG-E).

Hinweis

Diese steuerfreien Einnahmen unterliegen aber dem **Progressionsvorbehalt** (§ 32b Abs. 1 Satz 1 Nr. 1 Buchstabe g EStG). Arbeitnehmer, die Kurzarbeitergeld oder andere Verdienstausfallentschädigungen erhalten haben, müssen daher zwingend eine Einkommensteuererklärung für das Jahr 2020 abgeben, es sei denn die Lohnersatzleistungen liegen unter dem Betrag von 410 EUR im Kalenderjahr.

Bei der Veranlagung werden diese steuerfreien Leistungen für die Berechnung des Steuersatzes einbezogen. Zwar bleibt es für diese Leistungen bei der Steuerfreiheit, jedoch erhöht sich für die steuerpflichtigen Einkünfte des Arbeitnehmers der Steuersatz. Dadurch kann es zu einer Steuernachzahlung kommen.

2.7.7 Vom Arbeitgeber übernommene Steuerberatungskosten

In Nettolohnvereinbarungen von Mitarbeiterentsendungen ist häufig geregelt, dass der Arbeitgeber die Steuerberatungskosten für die Erstellung der Einkommensteuererklärung trägt. Die Übernahme dieser Kosten durch den Arbeitgeber führt grds. zum Zufluss eines geldwerten Vorteils.

In einem Entsendungs-Fall mit einer eher untypischen Nettolohnvereinbarung, nach der u.a. nur die Kosten für die Erklärung der beim Arbeitgeber erzielten Einkünfte i.S. des § 19 EStG (und bspw. nicht für Einkünfte nach §§ 20, 21 EStG) übernommen wurden, verneinte jedoch der BFH entgegen seiner früheren Auffassung und entgegen der der Finanzverwaltung das Vorliegen von steuerpflichtigem Arbeitslohn (BFH, Urteil v. 9.5.2019, VI R 28/17, BStBl 2019 II S. 785).

Laut OFD NRW ist das Urteil nur auf entsprechend gelagerte Fälle anzuwenden. Daher können die anteiligen **Kosten für die Einkommensteuererklärung zu Einkünften i.S. des § 19 EStG** nach den Grundsätzen des BFH-Urteils zwar **nicht als Arbeitslohn eingestuft** werden; die Kosten für die Erklärung anderer Einkunftsarten (u.a. Kapitalvermögen oder Vermietung und Verpachtung) führen aber regelmäßig zu steuerpflichtigem Arbeitslohn. Dies erfordere eine Würdigung der Nettolohnvereinbarung im Einzelfall sowie (weiterhin) eine **Aufteilung** der Steuerberatungskosten für Zwecke der Lohnsteuer.

Bei Vereinbarung einer pauschalen Vergütung für die Steuerberatungskosten je Arbeitnehmer oder für alle Arbeitnehmer bestehen laut OFD NRW jedoch keine Bedenken, aus Vereinfachungsgründen auf die Erfassung der anteilig den anderen Einkunftsarten zuzuordnenden Steuerberatungskosten zu verzichten (OFD Nordrhein-Westfalen, Kurzinformation LSt Nr. 02/2019 v. 19.12.2019).

Hinweis

Bisher ist offen, ob dem auch andere Oberfinanzdirektionen oder gar das BMF folgen. Die OFD NRW weist ihre nachgeordneten Finanzbehörden zudem an, offene Rechtsbehelfe unter Hinweis auf das entschiedene Verfahren VI R 28/17 nun zu entscheiden.

2.7.8 Vom Arbeitgeber übernommene Verwarnungsgelder

Zahlt ein Arbeitgeber als Halter eines Kfz ein Verwarnungsgeld wegen einer ihm gemäß § 56 Abs. 1 Satz 1 OWiG erteilten Verwarnung, leistet er diese auf eine eigene Schuld, so dass die Zahlung nicht zu Arbeitslohn bei dem Arbeitnehmer führt, der die Ordnungswidrigkeit begangen hat (BFH, Urteil v. 13.8.2020, VI R 1/17). Zu Arbeitslohn kann es laut BFH aber dennoch kommen, wenn gegen den Arbeitnehmer ein realisierbarer (einredefreier und fälliger) Schadensersatzanspruch besteht. Dann könne gegen das Vorliegen von Arbeitslohn nicht vorgebracht werden, die Übernahme sei im überwiegend eigenbetrieblichen Interesse des Arbeitgebers erfolgt.

Hinweis

Für den BFH kann ein rechtswidriges Tun selbst im absoluten Bagatellbereich keine beachtliche Grundlage einer solchen betriebsfunktionalen Zielsetzung sein. Er grenzte den vorliegenden Fall auch von Fällen ab, in denen die vom Arbeitgeber übernommenen Verwarnungsgelder direkt gegen die Arbeitnehmer verhängt wurden, so dass die Übernahme Arbeitslohn darstellte (vgl. Urteil v. 7.7.2004, VI R 29/00 und Urteil v. 14.11.2013, VI R 36/12).

2.7.9 Privatnutzung betrieblicher (E-)Fahrräder

Als Reaktion auf die erweiterte Förderung von Elektrofahrzeugen durch das sog. Jahressteuergesetz 2019 hat die Finanzverwaltung nun auch die Förderung der betrieblichen Überlassung von Fahrrädern in einem Ländererlass erleichtert.

Wird der Vorteil aus der Überlassung eines betrieblichen Fahrrads vom Arbeitgeber zusätzlich zum ohnehin geschuldeten Arbeitslohn gewährt (sog. Zusätzlichkeitserfordernis) bleibt dieser geldwerte Vorteil beim Arbeitnehmer nach § 3 Nr. 37 EStG (bis 2030) vollständig steuerfrei. Bei Nichtvorliegen der Steuerfreiheit gewährt die Finanzverwaltung bisher eine Halbierung der Bemessungsgrundlage für (E-)Bikes (auf volle 100 EUR der abgerundeten unverbindlichen Brutto-Preisempfehlung), analog zur Förderung von Elektrofahrzeugen (s. Gleichlautende Ländererlasse v. 13.3.2019, S 2334).

Gleich lautende Ländererlasse v. 9.1.2020 (S 2334) ersetzen die bisherigen Erlasse aus 2019 und gewähren **ab 2020** die **Viertelung der Bemessungsgrundlage** auch für vom Arbeitgeber an Arbeitnehmer überlassene betriebliche Fahrräder.

Hinweis

An Arbeitnehmer überlassene Fahrräder und „kleine" E-Bikes (deren Motor bis zu 25 km/h unterstützt) erhalten ab 2020 und bis 2030 ebenfalls eine Viertelung der auf volle 100 EUR abgerundeten unverbindlichen Preisempfehlung für die Bemessung der privaten Nutzung (Privatfahrten, Fahrten zwischen Wohnung und erster Tätigkeitstätte und Familienheimfahrten im Rahmen einer doppelten Haushaltsführung).

2.7.10 Aufzeichnungserleichterungen bei Überlassung von Fahrrädern bzw. E-Mobilen

Auf Grundlage des § 41 Abs. 1 Satz 2 EStG lässt es § 4 Abs. 2 Nr. 4 Satz 1 LStDV zu, dass bestimmte steuerfreie Bezüge nicht im Lohnkonto aufgezeichnet werden müssen. Diese Aufzeichnungserleichterungen wurden mit der „Fünften Verordnung zur Änderung steuerlicher Verordnungen" v. 25.6.2020 (BGBl 2020 I S. 1495) erweitert.

Arbeitgeber sind nun auch von der Aufzeichnungspflicht für steuerfreie Bezüge für die Überlassung eines betrieblichen Fahrrads (§ 3 Nr. 37 EStG) sowie das Aufladen eines Elektro-/Hybridfahrzeugs beim Arbeitgeber (§ 4 Abs. 2 Nr. 4 Satz 1 LStDV) bzw. aus der Überlassung betrieblicher Ladevorrichtungen (§ 3 Nr. 46 EStG) befreit.

2.7.11 Weitere Begünstigung von E-Dienstwagen

Befristet auf den Zeitraum vom 1.1.2019 bis zum 31.12.2021 wurde mit dem Jahressteuergesetz 2018 (BGBl 2018 I S. 2338) die **Halbierung der Bemessungsgrundlage** bei der Dienstwagenbesteuerung für Elektro- und Hybridelektrofahrzeuge eingeführt und durch das sog. Jahressteuergesetz 2019 mit stufenweise steigenden Anforderungen bis zum 31.12.2030 verlängert, vgl. im Einzelnen § 6 Abs. 1 Nr. 4 und Nr. 5 EStG.

Die **Bemessungsgrundlage** für rein elektrische Kraftfahrzeuge, die pro gefahrenem Kilometer **keine CO2-Emissionen** haben, wird seit 1.1.2020 nur mit **einem Viertel** angesetzt, wenn deren **Bruttolistenpreis** nicht mehr als **40.000 EUR** beträgt.

Durch das Zweite Corona-Steuerhilfegesetz v. 29.6.2020 (BGBl 2020 I S. 1512) wurde diese Kaufpreisgrenze auf **60.000 EUR** angehoben (§ 6 Abs. 1 Nr. 4 Satz 2 Nr. 3 und Satz 3 Nr. 3 EStG).

Hinweis
Die Änderung gilt bereits rückwirkend zum 1.1.2020 für die Bewertung der privaten Nutzung dieser Kraftfahrzeuge, die nach dem 31.12.2018 angeschafft, geleast oder erstmalig zur privaten Nutzung überlassen wurden. Liegt der Bruttolistenpreis eines Elektrofahrzeugs über der Preisgrenze oder handelt es sich um ein extern aufladbares Elektro-Hybridfahrzeug, kommt eine Halbierung der Bemessungsgrundlage bzw. der Abschreibung in Betracht.

2.7.12 Behandlung von Ladestrom für Elektro- oder Hybridelektrofahrzeuge und E-Bikes

Unter bestimmten Voraussetzungen ist das Aufladen des Elektro- oder Hybridelektrofahrzeugs im Betrieb des Arbeitgebers (Ladestrom) sowie die Überlassung von betrieblichen Ladevorrichtungen an Beschäftigte zur privaten Nutzung steuerfrei (§ 3 Nr. 46 EStG). Der **geldwerte Vorteil** aus der Übereignung von Ladevorrichtungen für die Nutzung außerhalb des Betriebs oder aus Zuschüssen für den Erwerb und die Nutzung von Ladevorrichtungen kann **pauschal mit 25 % versteuert** werden (§ 40 Abs. 2 Satz 1 Nr. 6 EStG). Diese seit 2017 geltenden Maßnahmen zur steuerlichen Förderung von Elektromobilität wurden im sog. Jahressteuergesetz 2019 um 10 Jahre bis zum 31.12.2030 verlängert. Zu den Privilegierungen äußerte sich das BMF in einem Anwendungsschreiben v. 29.9.2020 (BStBl 2020 I S. 972).

So wird u.a. der Katalog der begünstigten Fahrzeuge (bisher Elektro- und Hybridelektrofahrzeuge sowie schnelle und langsame E-Bikes) nunmehr auch auf die **Elektro-Kleinstfahrzeuge** erweitert (insbesondere Kraftfahrzeuge mit elektrischem Antrieb und einer Geschwindigkeit von 6 bis 20 km/h, z.B. elektrische Tretroller und Segways).

Zahlen Arbeitnehmer mit einem auch privat genutzten Dienstwagen den Ladestrom selbst, kann der Arbeitgeber die Kosten im Rahmen des **Auslagenersatz**es steuerfrei erstatten (§ 3 Nr. 50 EStG). Die bisher dazu bestehende Vereinfachungsregelung (Zugrundelegung von monatlichen Pauschalen) wird unter Zugrundelegung höherer monatlicher Pauschalen bis 31.12.2030 verlängert. Bei der Höhe der Pauschalen ist jeweils danach zu unterscheiden, ob beim Arbeitgeber eine zusätzliche Lademöglichkeit besteht. Unbenommen bleibt es dem Arbeitgeber, dem Arbeitnehmer die anhand von Belegen nachgewiesenen tatsächlichen Kosten als steuerfreien Auslagenersatz zu erstatten, wenn die getragenen Kosten höher als die maßgebende Pauschale sind.

Hinweis

Das BMF verweist hinsichtlich des für die Begünstigung erforderlichen Zusätzlichkeitserfordernisses auf sein Schreiben vom 5.2.2020. Im Jahressteuergesetz 2020 soll das Zusätzlichkeitserfordernis entsprechend der Auffassung der Finanzverwaltung gesetzlich definiert werden (vgl. Kapitel Rückblick Tz. 2.7.1).

Hinweis

Vorbehaltlich der zeitlich gestaffelten Vereinfachungsregelung zum Auslagenersatz ist das BMF-Schreiben rückwirkend für den Zeitraum vom 1.1.2017 bis 31.12.2030 anzuwenden und ersetzt die BMF-Schreiben vom 14.12.2016 (BStBl 2016 I S. 1446) und vom 26.10.2017 (BStBl 2017 I S. 1439).

2.7.13 Lohnsteuer-Pauschalierung bei kurzfristiger Inlandstätigkeit beschränkt steuerpflichtiger Arbeitnehmer

Auf Bezüge von kurzfristigen, im Inland ausgeübten Tätigkeiten beschränkt steuerpflichtiger Arbeitnehmer, die einer ausländischen Betriebsstätte dieses Arbeitgebers zugeordnet sind, kann der Arbeitgeber seit dem 1.1.2020 mit einem Pauschsteuersatz von 30 % lohnversteuern (§ 40a Abs. 7 EStG).

Mit dem Jahressteuergesetz 2020 wird eine Regelung aufgenommen, wonach der **Arbeitgeber** in diesen Fällen **Schuldner der Pauschalsteuer** ist (§ 40a Abs. 5 EStG-E).

Hinweis

Mit der Änderung, die erstmals für den VZ 2020 bzw. auf nach dem 31.12.2019 endende Lohnzahlungszeiträume anwendbar sein soll, soll die allgemeine Regelung des § 40 Abs. 3 EStG auch auf die Pauschalierung nach § 40a Abs. 7 EStG Anwendung finden. Danach hat der Arbeitgeber die pauschale Lohnsteuer zu übernehmen; er ist Schuldner der Pauschalsteuern. Weiterhin bleiben der pauschal besteuerte Arbeitslohn und die pauschale Lohnsteuer bei einer Veranlagung zur Einkommensteuer und beim Lohnsteuer-Jahresausgleich außer Ansatz, die pauschale Lohnsteuer ist weder auf die Einkommensteuer noch auf die Jahreslohnsteuer anzurechnen.

2.8 Umsatzsteuer

2.8.1 Temporäre Minderung der Umsatzsteuersätze wegen der Corona-Krise

Durch das Zweite Corona-Steuerhilfegesetz v. 29.6.2020 (BGBl 2020 I S. 1512) wurde befristet vom 1.7.2020 bis zum 31.12.2020 der reguläre Umsatzsteuersatz von 19 % auf 16 % und der ermäßigte Umsatzsteuersatz von 7 % auf 5 % der Bemessungsgrundlage gesenkt (§ 28 Abs. 1 und 2 UStG).

Damit ergaben sich vielfältige Themen sowohl für leistende Unternehmer als auch für Leistungsempfänger, denen sich sehr kurzfristig mit umfangreichen Umstellungsprozessen gestellt werden musste.

Das BMF hat sich mit Schreiben v. 30.6.2020 (BStBl 2020 I S. 584) zu einigen Anwendungsfragen geäußert, u. a. zu wichtigen Fragen im Zusammenhang mit Teilentgelten (An- bzw. Vorauszahlungen) oder Dauerleistungen (wie Mietleistungen), Strom-, Gas- und Wärmelieferungen oder Werklieferungen und Werkleistungen.

Anzahlungsrechnungen, die während des Zeitraums der gesenkten Steuersätze für nach dem 31.12.2020 erbrachte Leistungen ausgestellt werden, können laut BMF die abgesenkten Umsatzsteuersätze enthalten. Unternehmer können in solchen Anzahlungsrechnungen aber auch den für die zu erbringende Leistung jeweils geltenden, nicht abgesenkten Umsatzsteuersatz verwenden.

Leistungen, die in dem Monat Juli 2020 ausgeführt wurden, konnten ausnahmsweise noch mit den nicht abgesenkten Steuersätzen berechnet werden. Das Vorgehen ist allerdings nur zulässig, soweit die Leistung an einen Unternehmer erbracht wird. Gegenüber Nicht-Unternehmern ist dies nicht möglich.

Hinweis

Diese, wie auch andere Nichtbeanstandungsregeln des BMF treffen allerdings keine Aussage darüber, ob der Leistungsempfänger, die „überhöhten" Prozentpunkte der Umsatzsteuer zivilrechtlich schuldet.

Das BMF-Schreiben v. 4.11.2020 (BStBl 2020 I S. 1129) erläutert weitere Anwendungsfragen der temporären Umsatzsteuersenkung und ergänzt das obige Anwendungsschreiben v. 30.6.2020 u. a. um weitere Ausführungen zur Behandlung von Voraus- und Anzahlungsrechnungen, der Behandlung von Gutscheinen (vgl.

zu Restaurant-Gutscheinen nachfolgender Punkt), der Gewährung von Jahresboni, Sonder- und Ausgleichszahlungen bei Miet- oder Leasingverträgen und die Definition von wiederkehrenden Leistungen.

Bei **Miet- oder Leasingverträgen** richtet sich laut BMF die Anwendung des zutreffenden Umsatzsteuersatzes bei den Sonder- und Ausgleichszahlungen nach dem Zeitpunkt der Ausführung der jeweiligen Hauptleistung. Daher sind die Sonder- und Ausgleichszahlungen grundsätzlich zeitanteilig der jeweiligen Hauptleistung zuzuordnen. Allerdings bleibt dem Unternehmen eine andere sachgerechte Aufteilungsmethode unbenommen.

Wiederkehrende Leistungen (zeitpunktbezogen in regelmäßigen Abständen einmal oder mehrfach wiederkehrend zu erbringende Tätigkeiten) sind von Dauerleistungen abzugrenzen. Anders als bei der Dauerleistung wird hier keine durchgehende Leistungsbereitschaft bzw. -erbringung geschuldet. Daher richtet sich der Steuersatz der wiederkehrenden Leistungen nach dem Tag der einzelnen Leistungserbringung (und nicht wie bei der Dauerleistung nach dem Tag, an dem der vereinbarte Leistungszeitraum endet).

Hinweis

Zum Jahreswechsel sind die Unternehmen nun wiederum vor die Herausforderung gestellt, die Senkung wieder zurückzudrehen und auf korrekte Abrechnungen zu achten. Insbesondere muss hierbei darauf geachtet werden, ob ggf. Rechnungen mit zu niedrigem Steuersatz ausgestellt wurden.

2.8.2 Ermäßigte Besteuerung von Restaurant- und Verpflegungsdienstleistungen

Grundsätzlich unterliegen Restaurantdienstleistungen dem regulären Umsatzsteuersatz. Zur Eindämmung der Folgen durch die Corona-Krise unterliegen aufgrund einer Änderung durch das Corona-Steuerhilfegesetz v. 19.6.2020 (BGBl 2020 I S. 1385) Restaurant- und Verpflegungsdienstleistungen zeitlich befristet für nach dem 30.6.2020 und vor dem 1.7.2021 ausgeführte Umsätze dem ermäßigten Steuersatz (§ 12 Abs. 2 Nr. 15 UStG). **Ausgenommen** von dieser Regelung ist die **Abgabe von Getränken**. Aufgrund der durch das Zweite Corona-Steuerhilfegesetz vorübergehenden Mehrwertsteuersatz-Senkung für alle Umsatzsteuerleistungen (siehe oben Tz. 2.8.1) ergibt sich für die Restaurant- und Verpflegungsdienstleistungen innerhalb eines Jahres ein mehrfacher Wechsel der Steuersätze. Sie unterliegen

- bis 30.6.2020 dem Umsatzsteuersatz von 19 %,
- ab 1.7.2020 einer ermäßigten Umsatzsteuer von 5 %,
- vom 1.1.2021 bis 30.6.2021 einem ermäßigten Steuersatz von 7 % und
- ab dem 1.7.2021 wieder dem allgemeinen Umsatzsteuersatz von 19 %.

Hinweis

Vor dem Hintergrund der für die Zeit v. 1.7.2020 bis 30.6.2021 geltenden unterschiedlichen Steuersätze für Verpflegungsleistungen einerseits und Getränke andererseits hat sich das BMF im Schreiben v. 4.11.2020 (BStBl 2020 I S. 1129) auch klarstellend zur Behandlung von Restaurant-Gutscheinen geäußert.

So bleibt es für **Restaurationsleistungs-Gutscheine**, die **vor** dem **1.7.2020 ausgegeben** wurden, bei der Versteuerung als Einzweck-Gutschein mit **19 %**, auch wenn die Einlösung im Zeitraum vom 1.7.2020 bis 30.6.2021 erfolgt. Denn für die Behandlung als Einzweck-Gutschein sei laut BMF-Schreiben ausschließlich auf die Gesetzeslage im Zeitpunkt der Ausgabe abzustellen.

Da im Zeitraum **1.7.2020 bis 30.6.2021** der anzuwendende Steuersatz wegen der unterschiedlichen Besteuerung von Speisen und Getränken nicht eindeutig bestimmbar ist, handelt es sich laut BMF bei in diesem Zeitraum ausgegebenen Gutscheinen für Restaurations- und Verpflegungsdienstleistungen grundsätzlich um Mehrzweck-Gutscheine mit der Folge, dass die Versteuerung im **Zeitpunkt der tatsächlichen Leistungserbringung** zum dann gültigen Steuersatz erfolgt.

In der Zeit vom 1.7.2020 bis 30.6.2021 ausgegebene Gutscheine für Restaurationsleistungen können laut BMF nur dann als Einzweck-Gutscheine behandelt werden, wenn die Gutscheine auf den Bezug von Speisen oder den Bezug von Getränken explizit beschränkt werden. Gutscheine für Restaurant- und Verpflegungsdienstleistungen einschließlich Getränke gelten erst wieder als Einzweck-Gutscheine, wenn sie für den Zeitraum ab dem 1.7.2021 ausgestellt werden.

2.8.3 Aufteilung von Gastronomie-Umsatzsteuersätzen

Außer der Abgabe von Getränken unterliegen **Restaurations- und Verpflegungsdienstleistungen** befristet vom 1.7.2020 bis zum 30.6.2021 dem ermäßigten Umsatzsteuersatz (5 % vom 1.7.2020 bis zum 31.12.2020, ab dem 1.1.2021 bis zum 30.6.2021 dann 7 %). Bei **Kombi-Angeboten** aus Speisen inkl. Getränken (etwa Buffet, All-Inclusive-Angebote) ist das Entgelt auf die beiden Steuersätze aufzuteilen. Die Finanzverwaltung beanstandet es dabei nicht, wenn der auf die Getränke entfallende Entgeltanteil mit 30 % des Pauschalpreises angesetzt wird (BMF, Schreiben v. 2.7.2020, BStBl 2020 I S. 610; Abschn. 10.1 Abs. 12 UStAE n. F.).

Auch bei **Leistungen eines Hotels** sind die Entgelte aufzuteilen. Bei Hotelübernachtungen selbst greift der ermäßigte, für die übrigen Leistungen (etwa Wellness, Fitness, Reinigungsservice) der reguläre Umsatzsteuersatz. Bei den Gastronomieleistungen ist ebenso befristet zwischen dem regulären Steuersatz für Getränke und dem ermäßigten für Speisen zu unterscheiden. Hinsichtlich der Aufteilung bei Pauschalangeboten wird es bereits bisher nicht beanstandet, wenn der auf bestimmte Leistungen, für die der reguläre Steuersatz gilt, entfallende Entgeltanteil und der Entgeltanteil für die ermäßigt besteuerte Übernachtungsleistung im Verhältnis 20:80 aufgeteilt wird. Dieses Verhältnis wird nun auf 15:85 abgeändert (Abschn. 12.16 Abs. 12 Satz 2 UStAE n. F.).

Hinweis

Die Regelungen sind in allen Fällen ab dem 1.7.2020 bis zum 30.6.2021 anzuwenden.

2.8.4 Geänderter Fälligkeitstermin der Einfuhrumsatzsteuer

Die Fälligkeit der Einfuhrumsatzsteuer (EUSt) richtet sich gem. § 21 Abs. 2 UStG nach Art. 108 UZK. Grundsätzlich ist die EUSt dabei binnen 10 Tagen nach der Einfuhr zu zahlen. Bei Nutzung eines **zollrechtlichen Aufschubkontos** ist dieses grds. zum 16. des Folgemonats auszugleichen.

Durch eine Änderung im Rahmen des Zweiten Corona-Steuerhilfegesetzes v. 29.6.2020 (BGBl 2020 I S. 1512) in § 21 Abs. 3a UStG wurde in diesen Fällen die

Fälligkeit der Einfuhrumsatzsteuer unter bestimmten Voraussetzungen (Bewilligung eines Zahlungsaufschubs) auf den **26. des zweiten Folgemonats** nach der Einfuhr verschoben.

Hinweis
Das BMF hat in einem gesonderten Schreiben v. 6.10.2020 (BStBl 2020 I S. 984) den erstmaligen Anwendungszeitpunkt bekanntgegeben. Die Regelung ist danach zu dem am 1.12.2020 beginnenden Aufschubzeitraum umzusetzen, d.h. der Fälligkeitstermin für Einfuhren des Aufschubzeitraums Dezember 2020 verschiebt sich erstmalig vom 16.1.2021 auf den **26.2.2021**. Die Fälligkeitstermine für anschließende Aufschubzeiträume verschieben sich entsprechend.

2.8.5 Behandlung von Einzweck- und Mehrzweckgutscheinen

Mit Wirkung zum 1.1.2019 wurde durch das JStG 2018 v. 11.12.2018 (BGBl 2018 I S. 2338) eine gesetzliche Regelung zur Behandlung von Einzweck- und Mehrzweckgutscheinen aufgenommen (§ 3 Abs. 13 bis 15 UStG). Bei einem Einzweckgutschein entsteht die Umsatzsteuer auf die durch den Gutschein verbriefte Leistung mit Ausgabe des Einzweckgutscheins, bei einem Mehrzweckgutschein entsteht die Umsatzsteuer dagegen erst, wenn die verbriefte Leistung ausgeführt wird. Mit BMF-Schreiben v. 2.11.2020 wird der UStAE umfangreich um Ausführungen zur Behandlung der Einzweck- und Mehrzweckgutscheine in einem neuen Abschnitt 3.17 ergänzt.

Aufgenommen wurden u.a. Erläuterungen zur **Definition der Gutscheine**. Danach fallen beispielsweise Briefmarken, Fahrscheine oder Eintrittskarten nicht in den Anwendungsbereich. Auch Gutscheine, die zu einem Preisnachlass oder einer Preiserstattung berechtigen, sind von den neuen Regelungen nicht betroffen (Abschn. 17.2 UStAE n.F.). Weiterhin finden sich in den Erläuterungen Beispiele zur **Abgrenzung von Einzweck- und Mehrzweckgutscheinen**.

In den Abs. 2 bis 8 des Abschn. 3.17 UStAE n.F. werden außerdem Einzelfragen zu Einzweckgutscheinen geklärt, wie etwa die Bestimmung des Leistungsorts und der Bemessungsgrundlage, die Regelungen zur Besteuerung bzw. Leistungserbringung in Vertriebsketten oder die Rechtsfolgen einer Nichteinlösung oder Remonetarisierung. Zudem werden in den Abs. 9 bis 14 des Abschnitt 3.17 UStAE n.F. Anwendungsfragen bzgl. Mehrzweck-Gutscheinen behandelt. Das BMF äußert sich u.a.

auch zur Bestimmung der Bemessungsgrundlage in Vertriebsketten und zur Anwendung des § 10 Abs. 1 Satz 6 UStG (Abschn. 3.17 Abs. 12 UStAE n. F.).

Hinweis
Die neu im UStAE aufgenommenen Grundsätze sind erstmals auf nach dem 31.12.2018 ausgestellte Gutscheine anzuwenden. Die Finanzverwaltung beanstandet es aber (auch für Zwecke des Vorsteuerabzugs) nicht, wenn ab dem 1.1.2019 und vor dem 2.2.2021 ausgestellte Gutscheine von den Beteiligten nicht entsprechend den Vorgaben des BMF-Schreibens behandelt worden sind.

2.8.6 Unternehmereigenschaft von Aufsichtsratsmitgliedern

Nach aktueller Auffassung der Finanzverwaltung wird die Tätigkeit von Aufsichtsratsmitgliedern in Deutschland bisher regelmäßig als selbstständig betrachtet (Abschn. 2.2 Abs. 2 Satz 7 UStAE), da sie in ihrer Funktion das Unternehmen überwachen sollen und dies nicht in einer Unterordnungsfunktion als untergeordnete Mitglieder des Aufsichtsrats, sondern in einer eigenverantwortlichen, auf eigenes Risiko laufenden Stellung. Für den EuGH ist eine selbstständige Tätigkeit eines Aufsichtsratsmitglieds jedoch insbesondere dann nicht gegeben, wenn dieses nicht in eigenem Namen, für eigene Rechnung und in eigener Verantwortung, sondern vielmehr **für Rechnung und unter Verantwortung des Aufsichtsrats** handelt und dabei auch nicht das wirtschaftliche Risiko seiner Tätigkeit trägt (EuGH, Urteil v. 13.6.2019, C-420/18).

Vor dem Hintergrund dieser EuGH-Rechtsprechung hielt auch der BFH im Verfahren V R 23/19 das Mitglied des Aufsichtsrats, das gleichzeitig Angestellter des Mutterkonzerns und als Aufsichtsratsmitglied bei der Tochtergesellschaft (100 %-Beteiligung des Mutterkonzerns) tätig war, nicht für selbstständig, da es für seine Aufsichtsratstätigkeit eine jährlich gleich hohe **Festvergütung** erhielt, welche weder von der Teilnahme an Sitzungen noch von seinen tatsächlich geleisteten Arbeitsstunden abhängig war. Da das Aufsichtsratsmitglied laut BFH **kein Vergütungsrisiko** getragen hatte, verneinte er die unternehmerische Tätigkeit (BFH, Urteil v. 27.11.2019, V R 23/19, BFH/NV 2020 S. 480).

Hinweis

Damit ordnet der BFH anders als bisher ein Aufsichtsratsmitglied zumindest mit jährlicher Festvergütung mangels Vergütungsrisiko nicht als umsatzsteuerlicher Unternehmer ein. Der BFH hat sich aber nicht dazu geäußert, in welchen anderen Fällen er die Tätigkeit als Mitglied eines Aufsichtsrats demgegenüber weiterhin als unternehmerisch ausgeübt ansehen könnte.

Auch das Niedersächsische FG hat im Fall eines Verwaltungsratsvorsitzenden eines Versorgungswerks, der ansonsten freiberuflicher Unternehmer war, entschieden, dass dieser nicht selbständig tätig war, da er dem Kollektiv „Verwaltungsrat" als Ganzes untergeordnet war sowie nicht Träger des alleinigen wirtschaftlichen Risikos und nicht für Schäden haftbar war, die er Dritten in Wahrnehmung seiner Aufgaben verursachte (Niedersächsisches FG, Urteil v. 19.11.2019, 5 K 282/18). Vgl. zur Unternehmereigenschaft eines Vorstandsmitglieds einer Berufskammer auch FG Hamburg, Urteil v. 8.9.2020, 6 K 131/18.

Im Hinblick auf den Vorsteuerabzug von Unternehmen sollte die Entwicklung in den nächsten Jahren verfolgt werden.

2.8.7 Umsetzung der Quick-Fixes

Mit dem sog. Jahressteuergesetz 2019 v. 12.12.2019 (BGBl 2019 I S. 2451) wurden zum 1.1.2020 die sog. Quick Fixes in das deutsche Umsatzsteuerrecht umgesetzt. Diese betreffen

- Neuregelungen zu den Anforderungen an steuerfreie innergemeinschaftliche Lieferungen (§ 4 Nr. 1 Buchst. b UStG i. V. m. § 6a Abs. 1 Satz 1 UStG),
- neu aufgenommene Regelungen zur Behandlung von Konsignationslagern (§ 6b UStG) und
- Neuregelungen zur Bestimmung der bewegten und der ruhenden Lieferung bei Reihengeschäften (§ 3 Abs. 6a UStG).

Für eine **steuerfreie innergemeinschaftliche Lieferung** (§ 4 Nr. 1 Buchst. b UStG i. V. m. § 6a Abs. 1 Satz 1 UStG) ist seit 2020 u. a. die Verwendung einer **gültigen USt-IdNr.** durch den Abnehmer zusätzliche materiell-rechtliche Voraussetzung. Ebenfalls kann die Steuerfreiheit bei unvollständiger oder fehlender **Meldung in**

der Zusammenfassenden Meldung (ZM) versagt werden. Fehlerhafte ZM sind nach § 18a Abs. 10 UStG innerhalb eines Monats zu berichtigen.

Mit Schreiben v. 9.10.2020 (BStBl 2020 I S. 1038) äußerte sich das BMF ausführlich zu den geänderten Anforderungen an eine innergemeinschaftliche Lieferung und arbeitete diese in den UStAE ein. Das BMF-Schreiben beinhaltet u. a.

- Ausführungen zur **Berichtigungsmöglichkeit fehlerhafter ZM.** Das BMF weist ausdrücklich darauf hin, dass eine unterlassene Berichtigung einer fehlerhaften ZM für den Meldezeitraum, in dem die betreffende Lieferung ausgeführt wurde, zu einer nachträglichen Versagung der Steuerbefreiung führt. Eine Berichtigung von Fehlern in einer anderen ZM als der ursprünglichen, führt zu keinem Aufleben der Steuerfreiheit für die betreffende Lieferung (vgl. Abschn. 4.1.2 Abs. 3 UStAE n. F.).
- Zulassen einer **nachträglichen Verwendung** einer im Zeitpunkt der Lieferung gültigen **USt-IdNr.** mit Rückwirkung für Zwecke der Steuerbefreiung (vgl. Abschn. 6a.1 Abs. 19 UStAE n. F.).
- Ausführungen zu den **Anforderungen** an die Steuerfreiheit des **innergemeinschaftlichen Verbringens** (§ 6a Abs. 2 UStG), das u. a. eine zutreffende Erklärung in der ZM erfordert. Das BMF verweist hierzu auf eine entsprechende Anwendung der Regelung des Abschn. 4.1.2 betreffend innergemeinschaftliche Lieferungen (Abschn. 6a. 1 Abs. 21 UStAE n. F.).
- Anpassungen hinsichtlich der **Vorsteuervergütung** (Abschn. 18.11. Abs. 1a Satz 1 UStAE n. F.). Danach werden Vorsteuerbeträge nicht vergütet, die in Rechnungen über Ausfuhrlieferungen oder innergemeinschaftliche Lieferungen gesondert ausgewiesen werden, wenn feststeht, dass die Voraussetzungen des § 6 Abs. 1 bis 3a UStG bzw. § 6a Abs. 1 und 2 UStG vorliegen oder vorliegen können (vgl. auch Abschn. 6a.1 Abs. 19 UStAE).

Hinweis

Die Grundsätze des Anwendungsschreibens sind erstmals auf innergemeinschaftliche Lieferungen anzuwenden, die nach dem 31.12.2019 bewirkt werden. Zum Zeitpunkt des Redaktionsschlusses (9.12.2020) lagen noch keine Anwendungsschreiben bzw. Entwürfe zu den ebenfalls im Rahmen der sog. Quick Fixes neu in das UStG aufgenommenen Regelungen zur Behandlung von Konsignationslagern (§ 6b UStG) und der Neuregelung zur Bestimmung der bewegten und der ruhenden Lieferung bei Reihengeschäften (§ 3 Abs. 6a UStG) vor.

2.8.8 Grenzüberschreitende Güterbeförderung

In Reaktion auf die EuGH-Rechtsprechung zur Reichweite der Umsatzsteuerbefreiung bei grenzüberschreitender Güterbeförderung ist das BMF der Auffassung, dass die Befreiungsnorm grundsätzlich nicht greife, wenn die betreffenden Dienste nicht unmittelbar an den Versender oder den Empfänger der Gegenstände geleistet werden. Daher will das BMF die Befreiung des § 4 Nr. 3 Buchst. a UStG nur noch für die **Leistung des Hauptfrachtführers** anwenden, nicht aber für die Leistungen der Unterfrachtführer, da diese die Beförderungsleistungen nicht unmittelbar an den Versender oder den Empfänger der Gegenstände erbringen, sondern an den Hauptfrachtführer (BMF, Schreiben v. 6.2.2020, BStBl 2020 I S. 235).

Hinweis

Grundsätzlich wendet die Finanzverwaltung diese neue Rechtsauffassung auf alle noch offenen Fälle an. Allerdings gewährt das BMF auch eine **Nichtbeanstandungsfrist**, innerhalb derer noch nach der bisherigen Rechtsauffassung zu § 4 Nr. 3 Buchst. a UStG vorgegangen werden kann. Diese Nichtbeanstandungsfrist wurde nochmals verlängert auf für vor dem 1.1.2022 erbrachte Umsätze (BMF, Schreiben v. 14.10.2020, BStBl 2020 I S. 1043). Bis dahin wird nicht beanstandet, wenn die Regelung des Abschn. 4.3.2 Abs. 4 UStAE in der Fassung vor dem BMF-Schreiben v. 6.2.2020 angewendet wird.

2.8.9 Geschäftsveräußerung im Ganzen bei Anteilsübertragungen?

Die bloße Veräußerung von Anteilen an einer GmbH ohne gleichzeitige Übertragung von Vermögenswerten versetzt den Erwerber nach der Rechtsprechung des EuGH regelmäßig nicht in die Lage, eine selbstständige wirtschaftliche Tätigkeit als Rechtsnachfolger fortzuführen. Damit wären die Voraussetzungen für eine nicht steuerbare Geschäftsveräußerung im Ganzen (GiG) i. S. des § 1 Abs. 1a UStG grundsätzlich nicht erfüllt. Anders sei der Fall jedoch laut EuGH zu beurteilen, wenn die Beteiligung mit unmittelbaren oder mittelbaren Eingriffen in die Verwaltung dieser Gesellschaft einhergeht und sie die Durchführung von der Umsatzsteuer unterliegende Transaktionen einschließt (EuGH, Urteil v. 30.5.2013, C-651/11, X).

Der BFH äußerte sich nun zu der Möglichkeit einer Geschäftsveräußerung im Ganzen, wenn zwischen der Erwerberin und dem veräußerten Unternehmen eine Organschaft besteht und die Erwerberin die bisherigen eigenunternehmerischen

Tätigkeiten der Veräußerin weiterführen würde (BFH, Urteil v 18.9.2019, XI R 33/18, BFH/NV 2020 S. 290).

Hinweis

Damit kann laut BFH die Inhaberschaft von Anteilen an einem Unternehmen ausreichen, um eine selbstständige wirtschaftliche Tätigkeit fortführen zu können. Ob das in dem konkreten Fall so ist, hat die Vorinstanz im zweiten Rechtsgang zu prüfen. Die Frage nach dem Vorliegen einer Geschäftsveräußerung im Ganzen hat insbesondere Bedeutung für den Vorsteuerabzug.

2.8.10 Versicherungsvermittlungsumsätze auf dem Prüfstand des EuGH

Der BFH hat dem EuGH die Frage vorgelegt, ob eine nach Art. 135 Abs. 1 Buchst. a MwStSystRL steuerfreie Leistung vorliegt, wenn ein Steuerpflichtiger, der für eine Versicherungsgesellschaft eine Vermittlungstätigkeit ausübt, dieser Versicherungsgesellschaft zusätzlich auch das vermittelte Versicherungsprodukt zur Verfügung stellt (BFH, Beschluss v. 5.9.2019, V R 58/17, BFH/NV 2020 S. 170).

Hinweis

In Abhängigkeit von der Entscheidung des EuGH könnte sich damit die Reichweite der Umsatzsteuerfreiheit im Bereich der Entwicklung und Vermittlung von Versicherungsprodukten vergrößern. Das kann zum einen zu mehr Rechtssicherheit führen. Anderseits hätte das auch Auswirkung auf den Vorsteuerabzug betroffener Unternehmen, wenn deren Leistung dann künftig als umsatzsteuerfrei einzuordnen wäre.

2.8.11 Rechnungsanforderungen (Briefkastenanschrift)

Nach der neuen Sichtweise des BFH und ihm folgend des BMF setzt eine zum Vorsteuerabzug berechtigende Rechnung nicht voraus, dass die wirtschaftliche Tätigkeit des leistenden Unternehmers unter der Anschrift ausgeübt wird, die in der von ihm ausgestellten Rechnung angegeben ist. Vielmehr reicht jede Art von Anschrift, einschließlich einer Briefkastenanschrift, aus, sofern der Unternehmer unter dieser Anschrift erreichbar ist (vgl. BMF, Schreiben v. 7.12.2018, BStBl 2018 I S. 1401).

Mit Schreiben v. 13.7.2020 arbeitet das BMF (grundsätzlich für alle offenen Fälle) auch die Folgeurteile zum **Prüfungszeitpunkt** der erforderlichen **postalischen Erreichbarkeit** (BFH, Urteil v. 5.12.2018, XI R 22/14, BStBl 2020 II S. 418) und zur erforderlichen **Identität des Ausstellers** mit dem Leistenden (BFH, Urteil v. 14.2.2019, V R 47/16, BStBl II 2020 S. 424) in den UStAE ein. So muss das Kriterium der Erreichbarkeit (unter der in der Rechnung genannten Adresse) im Zeitpunkt der Rechnungsausstellung gegeben sein. Die Feststellungslast hierfür liegt dabei beim Leistungsempfänger, der den Vorsteuerabzug begehrt (vgl. Abschn. 15.2a Abs. 2 Satz 7 UStAE n. F.).

Hinweis

Damit verschärft die Finanzverwaltung die Anforderungen an die formellen Voraussetzungen einer Rechnung. Für den Leistungsempfänger kann der Nachweis, dass der Vertragspartner unter dieser Adresse erreichbar war, etwa bei Verwendung eines Postfachs, in der Praxis durchaus zu Schwierigkeiten führen.

2.8.12 Anforderungen an eine rückwirkende Rechnungsberichtigung

Grundsätzlich kann eine Rechnung, die fehlende oder fehlerhafte Angaben aufweist, mit Rückwirkung auf den Zeitpunkt der erstmaligen Rechnungserteilung berichtigt werden (vgl. EuGH, Urteil v. 15.9.2016, C 518/14, Rs. Senatex, und BFH, Urteile v. 1.3.2018, V R 18/17 und v. 20.10.2016, V R 26/15).

Hinweis

Die rückwirkende Rechnungskorrektur bietet den Vorteil, dass der Vorsteuerabzug in dem Veranlagungszeitraum der ursprünglichen, fehlerhaften Rechnung erhalten werden kann. Damit können Zinsnachteile vermieden werden.

Für den BFH ist dafür Voraussetzung, dass das korrigierende Dokument auf die ursprüngliche fehlerhafte Rechnung eindeutigen und spezifischen Bezug nimmt. Enthalten hingegen sowohl die berichtigte als auch die fehlerhafte Rechnung nur ein und denselben Vermerk, aber keinen eindeutigen und spezifischen Bezug, ist dies laut BFH nicht ausreichend für eine rückwirkende Rechnungsberichtigung (BFH, Urteil v. 5.9.2019, V R 38/17, BFH/NV 2020 S. 168).

2.8.13 Anwendungsschreiben zur Rechnungsberichtigung

Mit BMF-Schreiben v. 18.9.2020 (BStBl 2020 I S. 976) äußert sich die Finanzverwaltung zu Anwendungsfragen der rückwirkenden Rechnungsberichtigung und arbeitet diese in den UStAE ein. Dabei bleibt es weiter bei dem Grundsatz, dass der Vorsteuerabzug das Vorliegen einer ordnungsgemäßen Rechnung nach §§ 14, 14a UStG voraussetzt. Allerdings lässt die Finanzverwaltung unter bestimmten Umständen ausnahmsweise durchaus auch fehlerhafte Rechnungen (ohne Korrektur) anerkennen. Das setzt aber u.a. voraus, dass sich die fehlerhaften Angaben anderweitig nachweisen lassen.

Hinweis

Bei **Nichtgelingen des Nachweises** bedarf es einer **Korrektur** der fehlerhaften Rechnung. Dies kann laut BMF sowohl durch Ergänzung der bisherigen Rechnung als auch im Wege der Stornierung und Neuausstellung geschehen. In beiden Fällen kann die Korrektur zurückwirken (auf den Zeitraum des Empfangs der ursprünglichen, fehlerhaften Rechnung), wenn bestimmte Voraussetzungen erfüllt sind. Berichtigungsfähig ist eine Rechnung etwa nur dann, wenn sie ursprünglich Angaben zum Rechnungsaussteller, zum Leistungsempfänger, zur Leistungsbeschreibung, zum Entgelt und zur gesondert ausgewiesenen Umsatzsteuer enthält. Hierfür reicht es aus (ist aber auch erforderlich), dass die Rechnung diesbezügliche Angaben enthält und die Angaben nicht in so hohem Maße unbestimmt, unvollständig oder offensichtlich unzutreffend sind, dass sie fehlenden Angaben gleichstehen.

Das BMF äußert sich weiterhin u.a. zum Zeitpunkt des Vorsteuerabzugs und zu Fällen, die nicht rückwirkend berichtigungsfähig sind. So kann etwa ein unzutreffend zu niedrig ausgewiesener Steuerbetrag nicht mit Rückwirkung berichtigt werden. Das Recht zum Vorsteuerabzug in Höhe des Mehrbetrags kann somit erst in dem Besteuerungszeitraum ausgeübt werden, in dem der Leistungsempfänger im Besitz der Rechnung mit zutreffendem Steuerbetrag ist. Der Vorsteuerabzug des ursprünglich zu niedrigen Steuerbetrags bleibt jedoch bestehen. Ebenfalls nicht rückwirkend berichtigt werden kann laut BMF ein **fälschlicherweise nicht ausgewiesener Steuer-**

betrag (etwa bei Nichtvorliegen der Voraussetzungen einer Steuerbefreiung). Anders wiederum sieht es die Finanzverwaltung, wenn in der Rechnung unrichtig von einer umgekehrten Steuerschuldnerschaft ausgegangen wird.

Hinweis

Die Grundsätze des Schreibens v. 18.9.2020 sind in allen offenen Fällen anzuwenden. Bei bis zum 31.12.2020 übermittelten Rechnungsberichtigungen nach § 31 Abs. 5 UStDV, die nach dem BFH-Urteil v. 20.10.2016 (V R 26/15) Rückwirkung besitzen, wird aber nicht beanstandet, wenn der Vorsteuerabzug gleichwohl erst in dem Besteuerungszeitraum geltend gemacht wird, in dem die berichtigte Rechnung ausgestellt wird.

2.8.14 Nachteilige Rechnungsberichtigung bei „unzutreffenden" Rechnungen

Die Rückwirkungsmöglichkeit besteht laut BFH unabhängig davon, ob die Berichtigung zum Vorteil oder zum Nachteil des Steuerpflichtigen wirkt. Für den BFH ist eine Rückwirkung auch dann gegeben, wenn die ursprüngliche, fehlerhafte Rechnung komplett storniert und eine neue Rechnung ausgestellt wird (BFH, Urteil v. 22.1.2020, XI R 10/17, BStBl 2020 II S. 601).

Hinweis

Damit kann auch der **Stornierung einer Rechnung** Rückwirkung zukommen. Wichtig dürfte aber auch hier sein, dass das berichtigende Dokument auf die ursprüngliche Rechnung Bezug nimmt (regelmäßig durch Bezugnahme auf die Nummer der ursprünglichen, fehlerhaften Rechnung).

Offen ließ der BFH in diesem Urteil, ob er an der Voraussetzung einer Rückwirkung festhält, dass die zu berichtigende Rechnung falsche oder unvollständige Angaben enthält, die einer Berichtigung zugänglich wären.

Der V. BFH-Senat fordert für die rückwirkende Berichtigung, dass die Rechnung zunächst berichtigungsfähig ist. Das sei dann nicht der Fall, wenn u.a. die **Leistungsbeschreibung vollständig fehlt** oder in hohem Maße unbestimmt, unvollständig oder offensichtlich unzutreffend ist. So etwa, wenn sich aus der Abrechnung keinerlei Anhaltspunkte für die Art des gelieferten Gegenstands oder der sonstigen Leistung ergeben. Im konkreten Fall sah der BFH die Leistungsbeschreibung „Transfer Sum November 2005“ auch unter Berücksichtigung der Angabe „Sales Products“ (Produktverkäufe) im beigefügten Accounting Report als derart unbestimmt an, dass sie einer fehlenden Angabe gleichstehe (BFH, Urteil v. 12.3.2020, V R 48/17, BStBl 2020 II S. 604).

Hinweis
Das Urteil zeigt, dass die formellen Anforderungen an die notwendigen Angaben in einer Rechnung trotz Korrekturmöglichkeiten weiterhin sorgsam zu prüfen sind, um nicht den Vorsteuerabzug zu gefährden.

2.8.15 Rechnungsberichtigung im Vorsteuervergütungsverfahren

Das für die Erstattung der Vorsteuer aus einem anderen EU-Mitgliedstaat erforderliche Vergütungsverfahren setzt einen nicht nur fristgerecht, sondern auch vollständig und **ordnungsgemäß gestellten Antrag** voraus. Dem Antrag sind die entsprechenden Rechnungen elektronisch in Kopie (per Scan) beizufügen. Laut BFH genügt eine Rechnung, die den Mindestanforderungen an eine berichtigungsfähige Rechnung entspricht. Berechtige eine Rechnung mit solchen Mindestanforderungen aufgrund einer nachträglichen Ergänzung oder Berichtigung rückwirkend auf den Zeitpunkt ihrer Erteilung zum Vorsteuerabzug, genüge eine entsprechende Vorlage auch zur Wahrung der Antragsfrist im Vergütungsverfahren (BFH, Urteil v. 15.10.2019, V R 19/18, BFH/NV 2020 S. 167)

Hinweis
Der BFH bejahte daher im konkreten Fall die Fristgemäßheit des Antrags und ließ die rückwirkende Nachreichung der vollständigen Rechnungsdokumente zu. Dabei widersprach er insoweit dem BZSt, das das Vergütungsverfahren im Vergleich zum allgemeinen Besteuerungsverfahren als ein „besonderes Verfahren“ ansieht und daher eine vollständige Rechnung zur Fristwahrung forderte. Abzuwarten bleibt nun die Reaktion der Finanzverwaltung, ebenso wie die Antwort des EuGH auf die vom XI. BFH-Senat vorgelegten Fragen zu den Anforderungen an den Vorsteuervergütungsantrag (vgl. BFH, Vorlagebeschluss v. 13.2.2019, XI R 13/17, BStBl 2019 II S. 410).

2.8.16 Vorsteuerberichtigung bei Fehlinvestition

Ein Unternehmer, der einen Investitionsgegenstand unter teilweisem Vorsteuerabzug herstellt (hier: Errichtung eines Gebäudes zum Betrieb eines Alten- und Pflegeheims einerseits sowie einer Cafeteria andererseits), muss laut EuGH den Vorsteuerabzug nach § 15a UStG berichtigen, wenn er die **steuerpflichtigen Umsätze aufgrund fehlender Rentabilität einstellt** und den Gegenstand dann insgesamt für die übrigen umsatzsteuerfreien Umsätze nutzt, diese Umsätze dadurch aber nicht zunehmen (EuGH, Urteil v. 9.7.2020, C-374/19, BFH/NV 2020 S. 1037).

Hinweis

Der EuGH grenzte diesen Fall von dem Fall des „erfolglosen Unternehmers" ab. Die unterschiedlichen Fallkonstellationen sollten im Hinblick auf eine Vorsteuerkorrektur gem. § 15a UStG daher genau geprüft werden.

2.8.17 Berichtigungsobjekt i. S. des § 15a UStG

Bei der Herstellung eines Gebäudes, das nicht als Ganzes, sondern in mehreren Abschnitten in Verwendung genommen wurde, stellt sich die Frage, ob als Berichtigungsobjekt i.S. des § 15a UStG das gesamte Gebäude anzusehen ist oder gem. den Abschnitten mehrere Berichtigungsobjekte entstehen. Davon kann abhängen, ob überhaupt oder in welcher Weise die Vorsteuer zu korrigieren ist, die bei der Herstellung des Gebäudes ursprünglich abgezogen wurde. Für den BFH ist nicht das gesamte Gebäude, sondern lediglich der Teil, der entsprechend dem Baufortschritt in Verwendung genommen wurde, als Berichtigungsobjekt anzusehen (BFH, Urteil v. 29.4.2020, XI R 14/19, BStBl 2020 II S. 613).

Hinweis

Der BFH widersprach damit der Vorinstanz (FG Rheinland-Pfalz, Urteil v. 25.4.2019, 6 K 1630/16). Allerdings weist der BFH darauf hin, dass diese Betrachtungsweise für § 15a UStG spezifisch ist und ansonsten nicht umsatzsteuerrechtlich dazu führt, dass das Grundstück und Gebäudeabschnitte als selbständige, getrennte Gegenstände zu betrachten sind.

2.8.18 Vorsteuerabzug aus Erschließungsmaßnahmen

Bisher versagen Rechtsprechung und Finanzverwaltung regelmäßig den Vorsteuerabzug auf **Erschließungsmaßnahmen für die öffentliche Infrastruktur**, zu denen Unternehmen im Rahmen von Bauvorhaben mit verpflichtet werden (etwa durch eine Auflage). Aufgrund von Zweifeln an der unionsrechtlichen Vereinbarkeit der Versagung des Abzugs richtete der BFH ein entsprechendes Vorabentscheidungsersuchen an den EuGH (BFH, Beschluss v. 13.3.2019, XI R 28/17, BFHE 2019 S. 367).

Der EuGH antwortete nun zugunsten des Steuerpflichtigen (EuGH, Urteil v. 16.9.2020, C-528/19, Rs. Mitteldeutsche Hartstein Industrie). Laut EuGH ist der Vorsteuerabzug des Unternehmers aus den Errichtungskosten der öffentlichen Straßenfläche grundsätzlich zu gewähren. Voraussetzung für den **ungekürzten Vorsteuerabzug** ist dabei, dass die ausgebaute Straße auch von ihm im Rahmen seiner wirtschaftlichen Tätigkeit benutzt wird. Weiterhin dürfen die Ausbauarbeiten nicht über das für die wirtschaftliche Tätigkeit des Unternehmens erforderliche Maß hinausgehen und deren Kosten müssen im Preis der Ausgangsumsätze enthalten sein.

Hinweis

Da die entstandene Straße (neben der Nutzung durch den öffentlichen Verkehr) im konkreten Fall für die Bedürfnisse des Unternehmens genutzt wird (direkter und unmittelbarer Zusammenhang mit der gesamten wirtschaftlichen Tätigkeit), führte die anschließende unentgeltliche Übertragung der Straßenanlage an die Gemeinde laut EuGH auch zu **keiner Eigenverbrauchsbesteuerung** (keine Verwendung für unternehmensfremde Zwecke). Auch stellt die Übertragung der Infrastruktur keine Gegenleistung für die Erteilung der öffentlichen (Bau-)Genehmigung dar. Nun bleibt auch das Folgeurteil des BFH abzuwarten.

2.8.19 Vorsteuerabzug bei der Einfuhrumsatzsteuer

Das BMF hält an seiner Auffassung fest, dass der Lieferort und damit auch der Zeitpunkt der Lieferung durch die Regelung des § 3 Abs. 6 bis 8 UStG bestimmt werden und daher zivilrechtliche Lieferklauseln (z.B. Incoterms) insoweit unbeachtlich sind (Abschn. 3.12. Abs. 7 UStAE). Diese Auffassung arbeitete das BMF auch in die Regelungen zum Vorsteuerabzug der Einfuhrumsatzsteuer in den UStAE ein, wobei dies auch beim Reihengeschäft gelten soll (Abschn. 15.8 Abs. 4, 5 UStAE n.F.).

Hinweis
Die Grundsätze des BMF-Schreibens v. 16.7.2020 (BStBl 2020 I S. 645), mit dem die Anpassungen des UStAE an dieser Stelle sowie an weiteren Stellen zu Abschn. 15.8 sowie 15.9 erfolgen, sind in allen offenen Fällen anzuwenden.

2.8.20 EuGH-Vorlage zur Ausübung des Zuordnungswahlrechts zum Unternehmensvermögen

Bei gemischt genutzten Gegenständen kann der Steuerpflichtige entscheiden, ob der Gegenstand vollständig dem Unternehmensvermögen oder (teilweise) dem nichtunternehmerischen Bereich zuzuordnen ist (Zuordnungswahlrecht). Diese Zuordnungsentscheidung muss nach bisheriger Auffassung des BFH und der Finanzverwaltung **durch äußere Anzeichen erkennbar** werden. Ein Indiz dafür ist u. a. die Geltendmachung des Vorsteuerabzugs in der Umsatzsteuer-Voranmeldung oder in einer im Rahmen der gesetzlichen Abgabefrist eingereichten Umsatzsteuerjahreserklärung. Der BFH ruft nun den EuGH u. a. zur Frage an, ob diese zeitliche Begrenzung EU-konform ist (BFH, Beschlüsse v. 18.9.2019, XI R 3/19 und XI R 7/19, BFH/NV 2020 S. 321 und 326).

Hinweis
Nach der Antwort des EuGH bleibt auch abzuwarten, wie sich der BFH zu der Antwort positioniert und ob ggf. seine bisherige Sichtweise lockern muss. Betroffene Steuerpflichtige sollten betroffene Veranlagungen offenhalten.

2.8.21 Wirtschaftliche Eingliederung in eine Organschaft

Die für die umsatzsteuerliche Organschaft u. a. erforderliche wirtschaftliche Eingliederung setzt grundsätzlich voraus, dass die **Unternehmensbereiche** von Organträger und Organgesellschaft **wirtschaftlich miteinander verflochten** sind.

Für den BFH müssen dafür die Leistungen des (potenziellen) Organträgers im Rahmen eines Unternehmens im Sinne einer gewerblichen oder beruflichen Tätigkeit nach § 2 Abs. 1 Satz 1 UStG und damit im Rahmen einer nachhaltigen entgeltlichen Tätigkeit zur Erzielung von Einnahmen erbracht werden. Daher kann laut BFH eine wirtschaftliche Eingliederung als Voraussetzung für die umsatzsteuerliche Organschaft durch die **Vergabe von Darlehen** nur gegeben sein, wenn dahinter ein geschäftliches (unternehmerisches) Handeln steht, das über die bloße Gesellschafterstellung hinausgeht (BFH, Beschluss v. 13.11.2019, V R 30/18, BFH/NV 2020 S. 310).

Hinweis

Dabei betont der BFH, dass die **Entgeltlichkeit für sich genommen** noch keine wirtschaftliche Eingliederung rechtfertigt. Entscheidend sei vielmehr, dass die Leistungen im Rahmen des Unternehmens erbracht werden. Er ließ etwa das entgeltliche „Stehenlassen" von Ansprüchen gegen die Gesellschaft oder die Übernahme von Bürgschaften mangels Zusammenhangs mit einer unternehmerischen Tätigkeit im konkreten Fall nicht ausreichen.

2.8.22 Organschaft auf dem Prüfstand des EuGH

Bei einer umsatzsteuerlichen Organschaft ist grundsätzlich ausschließlich der **Organträger** als Steuerpflichtiger und **Steuerschuldner** anzusehen (§ 2 Abs. 2 Nr. 2 Satz 1 UStG). Die Frage, ob der nationale Gesetzgeber die Organträgerin als Unternehmer bestimmen darf (anstatt die gesamte Organschaft zu dem umsatzsteuerlichen Unternehmer zu bestimmen), legten sowohl der XI. BFH-Senat als auch der V. BFH-Senat dem EuGH zur Prüfung vor (BFH, Beschlüsse v. 11.12.2019, XI R 16/18 und v. 7.5.2020, V R 40/19; s. dazu anh. Verfahren vor dem EuGH unter den Az. C-141/20 und C-269/20).

Hinweis

Die Entscheidung des EuGH ist mit Spannung zu erwarten, ebenso die dann wohl ergehenden Folgeentscheidungen der beiden unterschiedlichen BFH-Senate. So sieht der V. Senat insbesondere vor dem Hintergrund der erheblichen Steuerausfälle die Einführung der Mehrwertsteuergruppe als Steuerschuldner kritisch an. Betroffene Unternehmer sollten prüfen, ihre Umsatzsteuerveranlagungen offen zu halten.

Der XI. Senat fragt zudem an, ob das Erfordernis der **finanziellen Eingliederung** des § 2 Abs. 2 UStG streng oder großzügig auszulegen ist und, ob der nationale

Gesetzgeber anhand typisierender Merkmale (eben die finanzielle, organisatorische und wirtschaftliche Eingliederung) feststellen darf, ob eine Person als nicht selbstständig gilt und somit in eine Organschaft eingegliedert werden darf.

Hinweis

Für hoheitliche Unternehmen dürfte darüber hinaus eine weitere Vorlagefrage des V. Senats von Bedeutung sein, die die für den Vorsteuerabzug wichtige Frage der Anwendung der Vorschriften zur unentgeltlichen Wertabgabe nach § 3 Abs. 9a Nr. 2 UStG auf hoheitliche Unternehmen klären soll.

Das FG Berlin-Brandenburg wiederum legte dem EuGH die Frage vor, ob die deutsche Organschaftsregelung des § 2 Abs. 2 Nr. 2 UStG insoweit der Mehrwertsteuersystemrichtlinie entgegensteht, dass durch diese einer **Personengesellschaft**, bei der Gesellschafter neben dem Organträger nicht nur Personen sind, die nach § 2 Abs. 2 Nr. 2 UStG in das Unternehmen des Organträgers eingegliedert sind, verwehrt ist, Organgesellschaft im Rahmen einer umsatzsteuerlichen Organschaft zu sein (FG Berlin-Brandenburg, Beschluss v. 21.11.2019, 5 K 5044/19; s. dazu anh. Verfahren beim EuGH unter dem Az. C-868/19).

Hinweis

Auch durch diese Entscheidung des EuGH können sich weitreichende Änderungen in der Bestimmung und Abgrenzung umsatzsteuerlicher Organschaften ergeben.

2.8.23 Definition der Werklieferung

Ob eine Werklieferung oder aber Werkleistung vorliegt, ist umsatzsteuerlich in mehreren Bereichen von Bedeutung, etwa auch für die Frage der Voraussetzungen einer umgekehrten Steuerschuldnerschaft gemäß § 13b Abs. 2 Nr. 1 UStG. Laut BFH liegt eine Werklieferung vor, sobald zusätzlich zur **Verschaffung der Verfügungsmacht** ein fremder Gegenstand be- oder verarbeitet wird (§ 3 Abs. 4 UStG). Die Be- und Verarbeitung eigener Gegenstände des Leistenden reicht dagegen nicht aus, um eine Werklieferung anzunehmen (BFH, Urteil v. 22.8.2013, V R 37/10). Diese Entscheidung wird nun mit in Abschnitt 3.8 Abs. 1 Satz 1 UStAE eingefügt (BMF, Schreiben v. 1.10.2020, BStBl 2020 I S. 983).

Hinweis
Die Grundsätze des BMF-Schreibens sind in allen offenen Fällen anzuwenden. Allerdings wird hinsichtlich der vor dem 1.1.2021 entstandenen Umsatzsteuer nicht beanstandet, wenn die Unternehmer Lieferungen entsprechend der bisherigen Fassung des Abschn. 3.8 Abs. 1 Satz 1 UStAE behandelt haben. Dies gilt auch für Zwecke des Vorsteuerabzugs und Fälle des § 13b UStG.

Hinweis
Für die Frage der umgekehrten Steuerschuldnerschaft nach § 13b UStG sind im Rahmen einer Organschaft laut BFH die dem Organträger zuzuordnenden Außenumsätze maßgebend (BFH, Urteil v. 23.7.2020, V R 32/19, BFH/NV 2021 S. 144).

2.8.24 Behandlung von Miet- und Leasingverträgen

Leasing- und Mietkaufverhältnisse können entweder eine Lieferung oder eine sonstige (Dienst-)Leistung (ähnlich einer Vermietung) darstellen. Bisher knüpfte die Finanzverwaltung an die ertragsteuerliche Zuordnung des Wirtschaftsguts gem. den ertragsteuerlichen Leasingerlassen an. Nach dem Urteil des EuGH in der Rs. Mercedes-Benz Financial Service (v. 4.10.2017, C-164/16), wonach die dafür relevante Formulierung der Mehrwertsteuersystemrichtline dahin auszulegen ist, dass für die Annahme einer Lieferung zwei Voraussetzungen erfüllt sein müssen, war die **ertragsteuerrechtliche Anknüpfung nicht mehr haltbar**.

Mit Schreiben v. 18.3.2020 (BStBl 2020 I S. 286) hat das BMF daher die Rechtsprechung des EuGH in Abschn. 3.5 UStAE eingearbeitet. Nun ist für die Finanzverwaltung maßgebend, ob einerseits der Vertrag ausdrücklich eine **Klausel zum Übergang des Eigentümers** enthält und andererseits, ob aus den Vertragsbedingungen deutlich hervorgeht, dass das **Eigentum am Gegenstand automatisch auf den Leasinggeber übergehen** soll, wenn der Vertrag bis zum Vertragsablauf planmäßig ausgeführt wird. Eine Kaufoption kann unter weiteren Voraussetzungen hierbei ausreichend sein.

Hinweis

Die neuen Grundsätze sind in allen offenen Fällen anzuwenden. Für **vor** dem **18.3.2020 abgeschlossene Leasing- und Mietverträge** wird jedoch nicht beanstandet, wenn übereinstimmend die vorherige Fassung der geänderten Absätze des UStAE angewendet wird. Für Altverträge kann daher die Koppelung an die ertragsteuerlichen Leasingerlasse fortgeführt werden.

2.8.25 Sale-and-lease-back

Sale-and-lease-back-Transaktionen stellen umsatzsteuerrechtlich entweder eine (Hin-)Lieferung mit umsatzsteuerfreier oder -pflichtiger (Rück-)Vermietung dar oder lediglich eine umsatzsteuerfreie Darlehensgewährung. Für den BFH kann noch eine dritte Konstellation vorliegen, nämlich eine umsatzsteuerpflichtige **sonstige Leistung eigener Art**, welche laut BFH bei einer Mitwirkungsleistung zu einer bilanziellen Gestaltung des Leasingnehmers gegeben ist (BFH, Urteil v. 27.11.2019, V R 25/18, BFH/NV 2020 S. 478).

Dies sah der BFH bereits im vorangegangenen Rechtsgang im Jahr 2016 so, woraufhin das BMF seine Sichtweise anpasste. Danach liegt in Fällen, in denen ein sale-and-lease-back-Geschäft maßgeblich darauf gerichtet ist, dem Verkäufer und Leasingnehmer eine vorteilhafte bilanzielle Gestaltung zu ermöglichen, eine sonstige steuerpflichtige Leistung nach § 3 Abs. 9 Satz 1 UStG vor (Abschn. 3.5 Abs. 7 Satz 6 UStAE).

Hinweis

In Sale-and-lease-back-Konstellationen ist daher (weiterhin) darauf zu achten, ob sie in diese dritte Variante einzuordnen ist. Dies umso mehr, als die Leistung des Leasinggebers dann zwingend umsatzsteuerpflichtig ist und sich auch bei der Ermittlung der umsatzsteuerlichen Bemessungsgrundlage Abweichungen ergeben.

2.8.26 Änderung des Umsatzsteuer-Anwendungserlasses

Mit Schreiben v. 20.12.2019 wurde der UStAE u.a. an die seit dem 14.12.2018 ergangene und im Bundessteuerblatt Teil II veröffentlichte BFH-Rechtsprechung angepasst. Unter den verschiedenen Anpassungen befinden sich neben redaktionellen Änderungen auch Anpassungen an geänderte Sachbezugswerte und Pauschalbeträge. Daneben wurde eingefügt, dass die Finanzverwaltung die Berechnung des Umsatzsteuerbetrags in der Rechnung auf den Cent voraussetzt und der Unternehmer ggf. auf den vollen Cent aufzurunden (wenn die nachfolgende Ziffer größer als 4 ist) oder abzurunden hat (Abschn. 14.5 Abs. 20 UStAE).

2.8.27 Meldepflichten bei Konsignationslagern

Mit der Umsetzung der sog. Quick-Fixes durch das sog. Jahressteuergesetz 2019 v. 12.12.2019 (BGBl 2019 I S. 2451) wurde eine neue Regelung zur Behandlung von Konsignationslager eingeführt. Die Neuregelung des § 6b UStG ermöglicht nun eine **innergemeinschaftliche Lieferung trotz Unterbrechung des Warenwegs** durch ein Konsignationslager, wenn bestimmte Voraussetzungen vorliegen. Eine dieser Voraussetzungen ist die Erfassung dieser Warenbewegung in der **Zusammenfassenden Meldung** nach § 18a UStG. Hierfür stellte das BMF einen besonderen Vordruck zur Verfügung (BMF, Schreiben v. 28.1.2020). Der Vordruck findet sich im Formularcenter der Bundesfinanzverwaltung (www.formulare-bfinv.de).

Hinweis

Anders als bei den innergemeinschaftlichen Lieferungen liegt bisher noch kein Anwendungsschreiben des BMF vor.

2.8.28 Ermäßigte Umsatzbesteuerung von Bahnfernfahrten

Für schienengebundene Personenbeförderungsleistungen, die nach dem 31.12.2019 bewirkt werden, greift der ermäßigte Umsatzsteuersatz i.H.v. 7 %, wobei grundsätzlich stets der Zeitpunkt maßgebend ist, in dem der jeweilige Umsatz ausgeführt wird (vgl. Abschn. 13.1 Abs. 1 Satz 1 UStAE).

Mit BMF-Schreiben v. 21.1.2020 (BStBl 2020 I S. 197) äußerte die Finanzverwaltung besondere **Übergangsregelungen**, um den Übergang zur Anwendung des ab 1.1.2020 geltenden ermäßigten Umsatzsteuersatzes in der Praxis zu erleichtern. Besondere Übergangsregelungen wurden insbesondere zu stichtagsübergreifend gültigen Fahrausweisen, wie etwa Hin- und Rückfahrkarten oder Jahreskarten sowie für besondere Verkaufsverfahren (Bahn-Tix und Rail & Fly) getroffen.

Hinweis

Für die Unternehmen (als Bahnkunden) von besonderer Bedeutung sind dabei die Ausführungen des BMF-Schreibens zu den jeweiligen Folgen für den Vorsteuerabzug.

2.8.29 Umsatzsteuer auf Subventionen

Im Nachgang an das EuGH-Urteil „C“ (C-573/18 und C-574/18 v. 9.10.2019) bejahte der BFH die Steuerbarkeit von über einen Betriebsfonds gezahlten Zuschüssen der EU (BFH, Urteil v. 22.1.2020, XI R 26/19 (XI R 5/17), BStBl 2020 II 2020 S. 421). Im Streitfall wurde die Anschaffung von Investitionsgütern zum Teil durch einen Betriebsfonds, zum Teil durch finanzielle EU-Beihilfen gefördert. Der Lieferant stellte dem Abnehmer lediglich die Nettoanschaffungskosten in Höhe von 50 % zuzüglich Umsatzsteuer in Rechnung, ohne die Zuschüsse aus dem Betriebsfonds (der jeweils hälftig aus Beiträgen und aus Subventionen der EU finanziert wurde) in die Bemessungsgrundlage einzubeziehen. Im Gegenzug verpflichtete sich der Abnehmer über die Zweckbindungsfrist hinweg, den Lieferanten mit seinen Erzeugnissen zu beliefern.

Der BFH sieht darin ein **Entgelt von dritter Seite**. Dass Zahlungen der EU an den Betriebsfonds der Förderung der Allgemeinheit dienen, änderte an der unmittelbaren Verknüpfung der Zahlung aus dem Betriebsfonds mit den Erzeugern nichts. Unionsrechtliche Zweifel an diesem Ergebnis bestünden nach der Beurteilung des EuGH nicht mehr.

Hinweis

Die in der vom BFH in der Vorlage aufgeworfenen Fragen, ob die Regelungen zur Mindestbesteuerungsgrundlage oder des Tauschs mit Baraufgabe Anwendung finden können, beantworte der EuGH allerdings nicht.

2.8.30 Dienstleistungen mit Ratenzahlung

Der BFH hat dem EuGH in einem Fall einer Vermittlungsleistung zwei Fragen zum Zeitpunkt der Entstehung der Umsatzsteuerschuld bei der Sollbesteuerung vorgelegt (BFH, Beschluss v. 7.5.2020, V R 16/19, BFH/NV 2020 S. 1029). Im konkreten Fall handelt es sich um eine einmalige, nicht zeitraumbezogene Dienstleistung, die gegen Ratenzahlung erbracht wurde.

U.a. wird der EuGH gefragt, inwieweit die Vereinbarung einer Ratenzahlung Anlass zu **aufeinander folgenden Abrechnungen** oder Zahlungen der Umsatzsteuer gibt. Art. 64 Abs. 1 MwStSystRL eröffnet – im Vergleich zu § 13 Abs. 1 Nr. 1 UStG – einen weiteren Spielraum für eine solche Aufteilung und Bewirkung der Leistung, mit entsprechender Auswirkung auf die Entstehung der (anteiligen) Umsatzsteuer.

Hinweis

Im Fall „Baumgarten sports & more" (EuGH, Urteil v. 29.11.2018, C-548/17) trat der Steuertatbestand und der Steueranspruch einer Vermittlungsleistung, welche durch unter einer Bedingung stehende Ratenzahlungen über mehrere Jahre nach der Vermittlung vergütet wird, nicht bereits im Zeitpunkt der Vermittlung ein. Der BFH hatte sich dem in seinem Folgeurteil angeschlossen.

Unternehmer könnten sich bei ratenweise vergüteten Vermittlungsleistungen auf eine unmittelbare Anwendung von Art. 64 Abs. 1 MwStSystRL berufen. Dabei sei es nicht entscheidend, ob eine zeitraumbezogene Leistungshandlung vorliegt, sondern vielmehr, dass eine Vermittlungsleistung nach der Dauerhaftigkeit des vermittelten Erfolgs vergütet wird (BFH, Urteil v. 26.6.2019 (V R 8/19).

Vom Urteil des EuGH wird weitere Klarheit erhofft, da es letztlich auch um die Frage der Vorfinanzierung der Umsatzsteuer geht.

2.8.31 Kleinunternehmerregelung bei Differenzbesteuerung

Für den **maßgebenden Schwellenwert** der Kleinunternehmerregelung des § 19 UStG in Fällen der Differenzbesteuerung (§ 25a UStG) stellt die Finanzverwaltung auf die vereinnahmten Entgelte ab (vgl. Abschn. 19.3 Abs. 3 Satz 5 UStAE). Der BFH sah diese Auffassung als nicht mit EU-Recht vereinbar an, sondern neigte dazu, auf die entsprechenden Differenzbeträge abzustellen (vgl. BFH, Beschluss v. 7.2.2018, XI R 7/16, BFH/NV 2020 S. 476).

Auf entsprechende Vorlagefrage antwortete der EuGH jedoch, dass der **maßgebende Gesamtumsatz** auf Grundlage aller von dem steuerpflichtigen Wiederverkäufer vereinnahmten Beträge ohne Mehrwertsteuer zu ermitteln sei, unabhängig von den Modalitäten, nach denen diese Beträge tatsächlich besteuert werden (EuGH, Urteil v. 29.7.2019, C–388/18). Dem schließt sich nun auch der BFH an (Urteil v. 23.10.2019, XI R 17/19; XI R 7/16, BFH/NV 2020 S. 476). Auf die (niedrigere) Differenz zwischen dem geforderten Verkaufspreis und dem Einkaufspreis (Handelsspanne) sei daher nicht abzustellen.

Hinweis

Diese Beurteilung dürfte ebenso Bedeutung für die Umsatzbesteuerung von **Reiseleistungen** nach § 25 UStG haben.

Mit dem Bürokratieentlastungsgesetz III (BGBl 2019 I S. 1746) wurde die u.a. für die Anwendung der Kleinunternehmerregelung **maßgebliche Vorjahresumsatzgrenze** von bisher 17.500 EUR auf nun 22.000 EUR (Entgelte zuzüglich Umsatzsteuer) angehoben. Die zweite Schwelle von 50.000 EUR im laufenden Kalenderjahr bleibt hingegen unverändert.

2.8.32 Nachweis für umsatzsteuerfreie Ausfuhrlieferungen

Ausfuhrlieferungen sind bei Vorliegen der erforderlichen Voraussetzungen umsatzsteuerfrei (§ 4 Abs. 1 Nr. 1a UStG), die vom liefernden Unternehmer nachzuweisen sind (§ 6 Abs. 4 UStG). In einer Reihe von Urteilen übertrug der EuGH seine Rechtsprechung zu den innergemeinschaftlichen Lieferungen auf Ausfuhrlieferungen (EuGH, Urteile v. 17.10.2019, C-653/18, Unitel Sp, v. 8.11.2018, C-495/17, Cartrans Spedition, und v. 28.3.2019, C-275/18, Milan Vinš). Danach kann das Recht auf Umsatzsteuerbefreiung nicht ausschließlich durch die Einhaltung formeller Pflichten, sondern vielmehr durch die Berücksichtigung materieller Anforderungen erreicht werden. Das BMF hat diese EuGH-Urteile in den UStAE eingearbeitet (BMF, Schreiben v. 25.6.2020, BStBl 2020 I S. 582).

Vom Grundsatz bleibt das BMF dabei, dass bei einem unvollständigen oder nicht zeitnah geführten beleg- und buchmäßigen Nachweis die Voraussetzungen der

Steuerfreiheit als nicht erfüllt angesehen werden. Eine Ausnahme („ausnahmsweise“) macht das BMF aber der EuGH-Rechtsprechung folgend, wenn nach objektiven Kriterien zweifelsfrei feststeht, dass die **materiell-rechtlichen Voraussetzungen** für die Steuerfreiheit der Ausfuhrlieferung vorliegen bzw. dass der Gegenstand der Lieferung das Gebiet der **EU tatsächlich verlassen** hat (Abschn. 6.5 Abs. 1 Sätze 8 und 9 UStAE n. F.).

Hinweis

Allerdings greift die Ausnahme nicht, wenn der sichere Nachweis für die Erfüllung der materiellen Anforderungen verhindert wird, oder bei Beteiligung an einer das Funktionieren des Mehrwertsteuersystems der EU gefährdenden Steuerhinterziehung (Abschn. 6.5 Abs. 1 Satz 10 UStAE n. F.). Die neuen Grundsätze sind auf alle offenen Fälle anzuwenden.

2.8.33 Sichtweise des BFH bei Reihengeschäften

Bei einem Reihengeschäft kann es grundsätzlich nur eine umsatzsteuerfreie innergemeinschaftliche Lieferung bzw. Ausfuhrlieferung geben. Dies ist diejenige, der die Beförderung oder Versendung zuzuordnen ist (bewegte Lieferung).

Die Finanzverwaltung stellt für die **Zuordnungsentscheidung** regelmäßig darauf ab, **wer** die **Beförderung durchgeführt** oder die Versendung veranlasst hat; dabei sei in der Regel auf die **Frachtzahlerkonditionen** abzustellen (Abschn. 3.14 Abs. 7 UStAE). Dieser Auffassung widerspricht der BFH ausdrücklich. Für den BFH muss für die Zuordnungsentscheidung eine **Gesamtwürdigung** erfolgen. Dabei ist für den BFH auch beachtlich, welcher der Beteiligten wo bzw. wann die Verfügungsmacht (weiter-)übertragen hat (BFH, Urteil v. 11.3.2020, XI R 18/18, BFH/NV 2020 S. 1195).

Hinweis

Es bleibt abzuwarten, ob die Finanzverwaltung auf die Rechtsprechung reagieren wird. Vgl. auch zu den Neuregelungen Kapitel Rückblick Tz. 2.8.7.

2.9 Strom- und Energiesteuer

2.9.1 Verzinsung von Stromsteuererstattungsansprüchen

Dem EuGH ist zur Vorabentscheidung die Fragestellung vorgelegt worden, ob aus Sicht des Unionsrechts die Erstattung von **zu Unrecht festgesetzter Stromsteuer** zu verzinsen ist, wenn der niedrigeren Festsetzung der Stromsteuer die fakultative Steuerermäßigung nach Art. 17 Abs. 1 Buchst. a RL 2003/96 (Energiesteuerrichtlinie) zugrunde lag und die zu hohe Steuerfestsetzung ausschließlich auf einem Fehler bei der Anwendung der nationalen Vorschrift, die zur Umsetzung der genannten Regelung erlassen wurde, beruhte. Der BFH fragt dabei u. a., ob ein Anspruch auf Erstattung der Stromsteuer, die einer nur **fakultativen Steuerermäßigung** zugrunde liegt, genauso zu verzinsen ist, wie ein Anspruch, der aus einer obligatorischen Steuerbegünstigung resultiert (BFH, Beschluss v. 19.11.2019, VII R 17/18, BFH/NV 2020 S. 473).

Hinweis

Nun bleibt die Entscheidung des EuGH abzuwarten, ebenso, wie in deren Folge der BFH in dieser für die Praxis wichtigen Frage entscheidet.

Hinweis

Im Fall des BFH-Urteils v. 22.10.2019 (VII R 24/18, BFH/NV 2020 S. 844) sah der BFH auch die Möglichkeit eines Zinsanspruchs nach unionsrechtlichen Grundsätzen auf einen Energiesteuerentlastungsbetrag, wenn der Mitgliedstaat eine obligatorische Steuerbefreiung nicht rechtzeitig in nationales Recht umgesetzt hat.

2.9.2 Gewährung des strom- und energiesteuerlichen Spitzenausgleichs

Unternehmen des Produzierenden Gewerbes i. S. des § 2 Nr. 3 StromStG können, unter engen Voraussetzungen, eine weitgehende Entlastung von der gezahlten Strom- und Energiesteuer im Rahmen des sog. „Spitzenausgleichs“ nach § 10 StromStG sowie § 55 EnergieStG beantragen. Für die Gewährung der Steuerentlastung ist u. a. erforderlich, dass die von der Bundesregierung gesetzten, jährlichen Zielwerte der Reduzierung der Energieintensität auf Ebene des gesamten

Produzierenden Gewerbes erreicht werden. Die Zielerreichung wird von der Bundesregierung stets auf Grundlage des Berichts eines unabhängigen wissenschaftlichen Instituts festgestellt. Die entsprechende Feststellung eines auch 2020 möglichen Spitzenausgleichs erfolgte durch die Bundesregierung am 18.12.2019, bekanntgemacht im BGBl 2019 I S. 2941 vom 30.12.2019. Vgl. zum Spitzenausgleich 2021 Kapitel Ausblick 2.5.

2.10 Grunderwerbsteuer

2.10.1 Konzernklausel des § 6a GrEStG

Nach § 6a GrEStG (Konzernklausel) ist u.a. ein nach § 1 Abs. 1 Nr. 3, Abs. 2a oder 3 GrEStG steuerbarer Rechtsvorgang aufgrund einer Aufspaltung, Abspaltung, Ausgliederung und Vermögensübertragung steuerbefreit. Zur Anwendung des § 6a GrEStG beantwortete der BFH jüngst eine Reihe von strittigen Auslegungsfragen entgegen der Auffassung der Finanzverwaltung zugunsten der Steuerpflichtigen (BFH, Urteile v. 21.8.2019 und v. 22.8.2019, II R 15/19, II R 16/19, II R 19/19, II R 20/19 und II R 21/19 sowie II R 17/19 und II R 18/19, BStBl 2020 II S. 333 ff.). Darauf reagierte die Finanzverwaltung mit einem neuen Anwendungserlass zu § 6a GrEStG (Gleich lautende Ländererlasse v. 22.9.2020, BStBl 2020 I S. 960).

Danach müssen die in § 6a Satz 4 GrEStG genannten **fünfjährigen Vor- und Nachbehaltensfristen** nur insoweit eingehalten werden, als sie aufgrund eines begünstigten Umwandlungsvorgangs auch rechtlich eingehalten werden können. Dabei stellt die Finanzverwaltung für die Berechnung der Fristen auf den Zeitpunkt der Verwirklichung des Erwerbsvorgangs (bei Umwandlungsvorgängen mit der Eintragung im Register) ab (vgl. Tz. 3.2.2 des Erlasses).

Als **begünstigte Umwandlungen** i.S. des § 6a GrEStG nennt der Erlass ausdrücklich **Sidestream-, Upstream- und Downstream-Merger**. Nicht begünstigt sind laut Erlass allerdings die formwechselnde Umwandlung (§ 1 Abs. 1 Nr. 4 UmwG) sowie die Ausgliederung bzw. Aufnahme eines Einzelunternehmens auf eine neu zu gründende Kapitalgesellschaft (vgl. Tz. 2.1 des Erlasses).

Hinweis

Der Erlass nimmt nun auch bestimmte **grenzüberschreitende Umwandlungen** innerhalb der EU/EWR auf. Danach ist eine Umwandlung nach dem Recht eines EU/EWR-Staates als Umwandlung entsprechend dem Gesetzeswortlaut des § 6a Satz 2 GrEStG anzunehmen, wenn die Regelung inhaltlich mit den Umwandlungen gem. § 1 Abs. 1 Nr. 1 bis 3 UmwG vergleichbar sind (vgl. Tz. 2.2 des Erlasses).

Darüber hinaus werden nach § 6a Satz 1 Halbsatz 2 GrEStG auch die nach § 1 Abs. 1 Nr. 3 Satz 1, Abs. 2, Abs. 2a, Abs. 3 oder Abs. 3a GrEStG steuerbaren Rechtsvorgänge aufgrund einer Einbringung oder eines anderen Erwerbsvorgangs auf gesellschaftsvertraglicher Grundlage als berücksichtigungsfähig angesehen, und zwar auch innerhalb der EU/EWR (vgl. Tz. 2.3 des Erlasses). Nach Auffassung der Finanzverwaltung soll die Begünstigung des § 6a GrEStG in den Fällen des § 1 Abs. 2a GrEStG insoweit anteilig zu gewähren sein, als die Übertragung der Anteile auf einem begünstigten Umwandlungsvorgang beruht (vgl. Tz. 2.4 des Erlasses). Dagegen soll diese zeitraumbezogene Betrachtung nicht in den Fällen des § 1 Abs. 3 GrEStG gelten (vgl. Tz. 2.5 des Erlasses). Zur Begünstigung von Umwandlungsvorgängen mit Drittstaatenbezug äußert sich der Erlass weiterhin nicht.

Anders als bisher ist für die Finanzverwaltung nicht mehr erforderlich, dass der an der Umwandlung als herrschendes Unternehmen beteiligte Rechtsträger ein Unternehmer i. S. des § 2 UStG ist. Ebenfalls unerheblich ist, ob das herrschende Unternehmen die Beteiligung an der abhängigen Gesellschaft im Privat- oder im Betriebsvermögen hält. So kann der Alleingesellschafter einer Kapitalgesellschaft grundsätzlich herrschendes Unternehmen i. S. des § 6a GrEStG sein. Ausreichend ist nun grundsätzlich, wenn das herrschende Unternehmen über eine Beteiligung an einer abhängigen Gesellschaft am Markt teilnimmt (vgl. Tz. 3.1 des Erlasses).

Hinweis

Der neue Ländererlass ersetzt die bisherigen Erlasse v. 19.6.2012 (BStBl 2012 I S. 662) sowie vom 9.10.2013 (BStBl 2013 I S. 1375) und ist in allen offenen Fällen anzuwenden.

2.10.2 Grundstücksübergänge auf eine und von einer Gesamthand

Das Jahressteuergesetz 2020 sieht auch eine Anpassung von § 5 Abs. 3 GrEStG und § 6 Abs. 3 GrEStG vor, nach der die in diesen Normen geregelten Steuervergünstigungen (Grundstücksübergänge auf eine und von einer Gesamthand) nicht allein dadurch entfallen sollen, dass das Vereinigte Königreich Großbritannien und Nordirland aus der EU austreten. Es handelt sich dabei um eine **Ergänzung des Brexit-Steuerbegleitgesetzes** vom 25.3.2019 (BGBl 2019 I S. 357). Der Brexit würde dazu führen, dass Gesellschaften in der Rechtsform der britischen Limited mit inländischer Geschäftsleitung zivilrechtlich als Personengesellschaften oder Einzelkaufleute behandelt werden. Die dadurch bedingte Verminderung des Anteils am Vermögen der Gesamthand könnte insofern eine Versagung der Vergünstigung nach § 5 Abs. 3 Satz 1 bzw. § 6 Abs. 3 Satz 2 GrEStG bedeuten. Diese steuerliche Folge soll durch die Neuregelungen vermieden werden (§ 5 Abs. 3 Satz 2 GrEStG-E, § 6 Abs. 3 Satz 3 GrEStG-E).

Hinweis
Die Neuregelungen in § 5 Abs. 3 GrEStG-E und § 6 Abs. 3 GrEStG-E sollen erstmals auf Erwerbsvorgänge anzuwenden sein, die nach dem 31.1.2020 verwirklicht werden (§ 23 Abs. 7 Satz 3 GrEStG-E).

2.10.3 Folgen einer Kaufpreisherabsetzung

Wird nach Entstehung der Grunderwerbsteuer der Kaufpreis für das Grundstück herabgesetzt, kann die Festsetzung der Grunderwerbsteuer auf Antrag geändert werden (§ 16 Abs. 3 GrEStG). Das ist nur möglich, wenn die Herabsetzung innerhalb von zwei Jahren seit der Entstehung der Steuer stattfindet (§ 16 Abs. 3 Nr. 1 GrEStG) oder wenn die Herabsetzung (Minderung) aufgrund des § 437 BGB vollzogen wird (§ 16 Abs. 3 Nr. 2 GrEStG).

Der für § 16 Abs. 3 GrEStG erforderliche Antrag muss innerhalb der Festsetzungsfrist gestellt werden. Ist diese verstrichen, kann eine Änderung der Steuerfestsetzung laut BFH auch nicht über § 175 Abs. 1 Satz 1 Nr. 2 AO erreicht werden, da die Herabsetzung des Kaufpreises kein rückwirkendes Ereignis i.S. dieser Vorschrift sei (BFH, Urteil v. 22.7.2020, II R 15/18, BFH/NV 2021 S. 126).

Hinweis

Das Urteil zeigt, dass in Fällen der nachträglichen Herabsetzung des Kaufpreises besonderes Augenmerk auf die Einhaltung der Norm des § 16 Abs. 3 GrEStG und den daraus folgenden Fristen zu legen ist. Vgl. zu einer vertraglich vereinbarten Anpassungsklausel BFH, Urteil v. 22.7.2020, II R 32/18.

2.11 Änderungen bei der Forschungszulage

Zum 1.1.2020 wurde durch das Forschungszulagengesetz v. 14.12.2019 (BGBl 2019 I S. 2763) eine steuerliche Forschungszulage i.H.v. 25 % der nach § 3 Abs. 1 bis Abs. 4 FZulG förderfähigen Aufwendungen für Arbeitslöhne lohnsteuerpflichtiger Arbeitnehmer, Eigenleistungen von Einzel- bzw. Mitunternehmern oder 60 % des gezahlten Entgelts für in Auftrag gegebene Forschungs- und Entwicklungsvorhaben eingeführt. Die Bemessungsgrundlage wurde auf 2 Mio. EUR begrenzt, so dass sich eine maximale Forschungszulage i.H.v. 500.000 EUR pro Jahr und Anspruchsberechtigtem ergab.

Mit dem Zweiten Corona-Steuerhilfegesetz v. 29.6.2020 (BGBl 2020 I S. 1512) wurde für förderfähige Aufwendungen, die nach dem 30.6.2020 und vor dem 1.7.2026 entstanden sind, die maximale **Bemessungsgrundlage** von 2 Mio. EUR **auf 4 Mio. EUR verdoppelt** (§ 3 Abs. 5 Halbsatz 2 FZulG).

Hinweis

Unternehmen können damit in diesem Zeitraum bis zu 1 Mio. EUR Forschungszulage pro Jahr erhalten.

Das **Antragsverfahren ist zweistufig**:

- Im ersten Schritt prüft und bescheinigt die **Bescheinigungsstelle Forschungszulage** (BSFZ), dass es sich bei den eingereichten Vorhaben dem Grunde nach um Forschung und Entwicklung entsprechend der FuE-Definition des europäischen Beihilferechts handelt. Die entsprechenden Antragsformulare stehen auf der Internetseite der BSFZ (https://www.bescheinigung-forschungszulage.de/antragsverfahren) zur Verfügung.

- Im zweiten Schritt setzt das zuständige **Finanzamt** die Forschungszulage der Höhe nach fest und rechnet diese bei der nächsten Veranlagung zur Einkommen- oder Körperschaftsteuer mit auf die festgesetzte Steuer an. Bei Übersteigen der Steuerschuld wird die anzurechnende Forschungszulage ausgezahlt.

Hinweis

Mit dem Jahressteuergesetz 2020 wird explizit aufgenommen, dass die Anrechnung der Forschungszulage auf die festgesetzte Ertragsteuer zu einer Steuererstattung führt (§ 10 Abs. 1 Satz 3 FZulG-E). Damit soll klargestellt werden, dass eine ausgezahlte Forschungszulage steuerfrei ist.

3 Änderungen für Personengesellschaften

3.1 Gewerbeertrag bei Wegfall eines negativen Kapitalkontos

Scheidet ein Mitunternehmer aus der Mitunternehmerschaft aus und fällt dabei ein negatives Kapitalkonto des Mitunternehmers weg, entsteht grundsätzlich ein **Aufgabegewinn**. Der Gewinn unterliegt gem. § 7 Satz 2 Nr. 2 GewStG auf Ebene der Mitunternehmerschaft der Gewerbesteuer, soweit er **nicht** auf eine **natürliche Person** als unmittelbar beteiligter Mitunternehmer entfällt.

Der BFH hatte aktuell in einem Fall zu entschieden, in dem ein Mitunternehmer ein Bundesland war, das den Mitunternehmeranteil als „Fiskalerbe" geerbt hat. Das Bundesland schied ohne eine Abfindung der übrigen Gesellschafter aus, d.h. unentgeltlich. Die verbleibenden Mitunternehmer übernahmen das negative Kapitalkonto des Bundeslandes. Hierdurch entstand bei den verbleibenden Mitunternehmern ein Verlust. Der Verlust ist betragsmäßig identisch mit dem Aufgabegewinn, so dass sich bei der Ermittlung des Gewerbeertrags der Aufgabegewinn und die Verluste durch die Übernahme des negativen Kapitalkontos ausgleichen. Im Ergebnis fiel insoweit daher keine Gewerbesteuer an.

Hinweis

In diesem Zusammenhang bestätigt der BFH noch einmal, dass bei der **unentgeltlichen Aufgabe des Mitunternehmeranteils** keine (positiven) Ergänzungsbilanzen für die verbleibenden Mitunternehmer zu bilden sind (BFH, Urteil v. 19.9.2019, IV R 50/16, BStBl 2020 II S. 57).

3.2 Berechnung nicht abziehbarer Schuldzinsen nach § 4 Abs. 4a EStG

Nach § 4 Abs. 4a EStG ist der Schuldzinsenabzug beschränkt, soweit Überentnahmen getätigt wurden. Soweit die Entnahmen den Gewinn zzgl. der Einlagen eines Wirtschaftsjahres übersteigen, werden pauschal 6 % der ermittelten Überentnahme dem Gewinn hinzugerechnet. Der BFH legt dabei grundsätzlich bei der Berechnung den allgemeinen Gewinnbegriff i.S. des § 4 Abs. 1 EStG bzw. § 4 Abs. 3 EStG zugrunde. Für die Frage nach der Berücksichtigung einer steuerfreien Investitionszulage und nicht abziehbarer Betriebsausgaben weist der BFH auf die Unterscheidung zwischen dem steuerbilanziellen Gewinn auf der ersten Stufe (§ 4 Abs. 1 EStG) und dem steuerlichen Gewinn unter Berücksichtigung außerbilanzieller Korrekturen auf der zweiten Stufe (§ 2 Abs. 2 Satz 1 Nr. 1 EStG) hin.

Demnach soll die **Investitionszulage** grundsätzlich bei der Berechnung des Schuldzinsenabzugs nach § 4 Abs. 4a EStG berücksichtigt werden und die außerbilanzielle **Korrektur der nichtabzugsfähigen Betriebsausgaben** unberücksichtigt bleiben (BFH, Urteil v. 3.12.2019, X R 6/18, BFH/NV 2020 S. 985). Eine Hinzurechnung der nicht abziehbaren Betriebsausgaben soll den Gewinn erhöhen und damit die Bemessungsgrundlage für das Schuldzinsenabzugsverbot vermindern, obwohl Aufwendungen nach § 4 Abs. 5 EStG der Gesetzesbegründung zufolge typischerweise die allgemeine Lebensführung berühren und negative Auswirkungen auf die Kapitalentwicklung haben.

Hinweis

Die Frage nach der Behandlung nicht abziehbarer Betriebsausgaben wurde (soweit ersichtlich) erstmalig höchstrichterlich entschieden. Diese damit verbundene Verschärfung der Rechtsprechung sollte entsprechend bei der Planung von Entnahmen berücksichtigt werden.

3.3 Abfärbung gewerblicher Beteiligungseinkünfte

Ein gewerbliches Unternehmen, das nur Kraft der (Abfärbe-)Fiktion des § 15 Abs. 3 Nr. 1 Alternative 2 EStG als solches gilt, gilt laut BFH nicht als ein Gewerbebetrieb nach § 2 Abs. 1 Satz 1 GewStG und unterliegt folglich nicht der Gewerbesteuer (BFH, Urteil v. 6.6.2019, IV R 30/16, BFHE 2020 S. 157). Die **einkommensteuerliche Fiktion schlägt** laut BFH damit **nicht auf die Gewerbesteuer durch**.

Die Finanzverwaltung reagierte auf das Urteil mit einem Nichtanwendungserlass. Da die gewerbesteuerlichen Fragen nicht streiterheblicher Gegenstand des obigen Verfahrens waren, wendet sie die im Urteil zum Ausdruck kommenden gewerbesteuerlichen Grundsätze nicht allgemein über den entschiedenen Einzelfall an (Gemeinsame Ländererlasse v. 1.10.2020, G 1400).

3.4 Zurechnung der Vorabvergütung für Geschäftsführungsleistungen

Nach ständiger Rechtsprechung ist die Vergütung eines Kommanditisten für die Geschäftsführung einer GmbH & Co. KG diesem als Sondervergütung zuzurechnen. Das gilt laut BFH sowohl für den Fall, dass die Vergütung dem Kommanditisten direkt von der KG gezahlt wird, als auch für den Fall, dass er die Vergütung von der Komplementär-GmbH bezieht, die ihrerseits die Vorabvergütung als Aufwendungsersatz von der KG erhält. Hintergrund der abweichenden steuerlichen Zurechnung ist für den BFH, dass die Kommanditisten mit ihrer Geschäftsführungstätigkeit „im Dienst der Gesellschaft" tätig sind und damit den Tatbestand des § 15 Abs. 1 Satz 1 Nr. 2 Satz 1 Halbsatz 2 EStG erfüllen (BFH, Urteil v. 28.5.2020, IV R 11/18, BFH/NV 2020 S. 1339).

Hinweis
Auf Ebene der GmbH stellt die handelsrechtliche Zuweisung einer Vorabvergütung somit steuerlich keine der Körperschaftsteuer unterliegende Sondervergütung dar, sondern eine nach § 8 Abs. 3 Satz 3 KStG zu korrigierende **verdeckte Einlage** der Gesellschafter. Nur ein Gesellschafter-Geschäftsführer, der nicht zugleich Kommanditist der KG ist, kann laut BFH durch vorherigen Verzicht auf eine Geschäftsführungsvergütung gegenüber der Komplementär-GmbH ihre Gewinne bei dieser thesaurieren.

3.5 Abspaltung und Sonderbetriebsvermögen

Im Urteil v. 28.5.2020 (IV R 17/17) äußerte sich der BFH zu den Folgen einer Abspaltung eines Teilbetriebs, wenn die Anteile an der übertragenden Kapitalgesellschaft im Sonderbetriebsvermögen einer Personengesellschaft gehalten werden. Im Urteilsfall wurden dem Gesellschafter, der die Anteile im Sonderbetriebsvermögen hielt, infolge der Abspaltung Anteile an dem übernehmenden Rechtsträger zugeteilt. Laut BFH bleiben diese Anteile bis zu ihrer Entnahme gleichfalls notwendiges Sonderbetriebsvermögen II dieses Gesellschafters.

Hinweis

Für die weitere Prüfung der Folgen der Abspaltung hat der BFH den Fall an die Vorinstanz zurückverwiesen. Der BFH lässt für die Anwendung des § 13 UmwStG die verhältniswahrende Spaltung ausreichen und gibt dem FG vor, die Voraussetzungen der Buchwertfortführung nach § 13 Abs. 2 UmwStG im Streitfall zu prüfen, insbesondere das Vorliegen eines Buchwertantrags. Weiterhin sei in dem vorliegenden Fall zu untersuchen, ob eine (weitere oder erstmalige) Gewinnrealisierung im Rahmen einer Entnahme gemäß § 4 Abs. 1 Satz 2 EStG der neu zugeteilten (wohl nicht besonders wertvollen) Anteile am übernehmenden Rechtsträger aus dem Sonderbetriebsvermögen des Gesellschafters in Betracht kommt. Diese wäre dann mit dem Teilwert zu bewerten (§ 6 Abs. 1 Nr. 4 EStG).

3.6 Schenkungsteuer bei disquotaler Einlage

Führt ein Gesellschafter dem Gesellschaftsvermögen einer KG im Wege einer Einlage **ohne entsprechende Gegenleistung** einen Vermögenswert zu, der hinsichtlich der Höhe über den aufgrund seiner Beteiligung an der KG geschuldeten Anteil hinausgeht (disquotale Einlage), kann eine freigebige Zuwendung i. S. des § 7 Abs. 1 Satz 1 ErbStG des Gesellschafters an einen anderen Gesellschafter vorliegen. Zu diesem Ergebnis kam der BFH in seinem Urteil v. 5.2.2020 (II R 9/17, BFH/NV 2020 S. 1161).

Dies ist laut BFH dann der Fall, wenn und soweit der Gesellschafter keine entsprechende Gegenleistung erhält. Die übrigen Gesellschafter seien dann auf Kosten des Einlegenden bereichert, weil sich der Wert ihrer Beteiligung am Gesamthandsvermögen erhöht. Bei einer disquotalen Einlage eines Gesellschafters in das Gesellschaftsvermögen einer Gesamthand ohne entsprechende Gegenleistung kommt es laut BFH daher zu einer über die Gesamthand vermittelten **Vermögensverschiebung zugunsten der nicht einlegenden Gesellschafter**.

Hinweis

Dem stand im Urteilsfall nicht entgegen, dass die Einlage in das Gesellschaftsvermögen geleistet wurde und die Gesellschaft selbst Trägerin des Gesellschaftsvermögens war. Auch wenn zivilrechtlich die Gesamthand als solche bedacht wurde, ist laut BFH aus schenkungsteuerlicher Sicht der Gesellschafter als bereichert anzusehen, dessen Anteil am Gesamthandsvermögen sich durch die Einlage erhöht. Eine freigebige Zuwendung könne auch nicht deshalb ausgeschlossen werden, weil die Einlage aufgrund ihrer Förderung des Gesellschaftszwecks durch das Gesellschaftsverhältnis veranlasst sei.

3.7 Erbschaftsteuerlicher Verschonungsabschlag

Die für KG-Anteile unter bestimmten Voraussetzungen gewährte erbschaftsteuerliche Begünstigung für Betriebsvermögen (§ 13a ErbStG) kann nachträglich wegfallen, wenn innerhalb von fünf Jahren nach dem Erbanfall der KG-Anteil durch den Erben veräußert wird, es zur Betriebsaufgabe kommt oder wesentliche Betriebsgrundlagen veräußert oder entnommen werden (§ 13a Abs. 6 Satz 1 Nr. 1 ErbStG).

Für den BFH sind die nachträglichen Versagungsgründe dabei nach ertragsteuerlichen Grundsätzen zu beurteilen. Die Eröffnung des Insolvenzverfahrens über das Vermögen der Personengesellschaft reicht dabei für den BFH noch nicht aus (BFH, Urteil v. 1.7.2020, II R 19/18).

Hinweis

Zwar erging das Urteil noch zu einer alten Fassung des § 13a ErbStG. Die Ausführungen dürften jedoch auch für die aktuelle Fassung des § 13a ErbStG von Bedeutung sein.

3.8 Kein Teilabzugsverbot bei Zinsen auf Gesellschafterdarlehen

Zinsen auf Gesellschafterdarlehen, die beim Gesellschafter Sondervergütungen darstellen, unterliegen laut BFH in dem Umfang auf Ebene der Personengesellschaf nicht dem Teilabzugsverbot des § 3c Abs. 2 EStG. Im konkreten Fall war eine GmbH & Co. KG maßgeblich an einer spanischen Aktiengesellschaft (S.A.) beteiligt. Die Beteiligung an der S.A. wurde teilweise mit Gesellschafterdarlehen finanziert, die die Kommanditisten bei Aufnahme ihrer Tätigkeit der GmbH & Co. KG gewährten. Die Zinszahlungen für das Gesellschafterdarlehen erfolgten teilweise aus den Dividenden der S.A. an die GmbH & Co. KG. Diese erklärte die Zinsen an die Kommanditisten als Sonderbetriebseinnahmen, die auf Ebene der Gesellschafter dem Teileinkünfteverfahren gem. § 3 Nr. 40 EStG unterlägen. Dem hat der BFH widersprochen (BFH, Urteil v. 6.2.2020, IV R 5/18, BStBl 2020 II S. 448).

Hinweis

Für den BFH ist über die Anwendung von § 3 Nr. 40 EStG und § 3c Abs. 2 EStG grundsätzlich im **Feststellungsverfahren der Gesellschaft** und nicht erst im Veranlagungsverfahren der Gesellschafter zu entscheiden. Aber auch die von der Finanzverwaltung im Streitfall gewählte Methode, die in den festgestellten Einkünften enthaltenen (u.a. unter § 3 Nr. 40, § 3c Abs. 2 EStG fallenden) Einkünfte „brutto" als „andere Besteuerungsgrundlage" bindend festzustellen, ist laut BFH eine rechtlich zulässige Feststellungsart, soweit aus den weiteren Feststellungen für einen verständigen Empfänger erkennbar ist, dass zur Ermittlung der steuerpflichtigen Einkünfte ein weiterer Rechenschritt erforderlich ist (vgl. u.a. auch BFH, Urteil v. 25.7.2019, IV R 47/16, BStBl 2020 II S. 142).

3.9 Gewerbliche Prägung einer Stiftung & Co. KG?

Für das FG Münster ist eine rechtsfähige Stiftung keine Kapitalgesellschaft, die i.S. des § 15 Abs. 3 Nr. 2 EStG als Komplementärin einer KG dieser eine gewerbliche Prägung geben kann (Urteil v. 27.2.2020, 3 K 3593/16 F). Nach der „alten" Geprägerechtsprechung des BFH, die in § 15 Abs. 3 Nr. 2 EStG ihren Niederschlag gefunden hat, ist eine „gewerbliche Prägung" der KG insbesondere gegeben, wenn sie als GmbH & Co. KG ausgestaltet ist. Dies beruhte im Wesentlichen darauf, dass eine **GmbH** bereits **kraft ihrer Rechtsform gewerbliche Einkünfte** erzielt, ohne Rücksicht darauf, ob sie überhaupt tätig wird oder welche Tätigkeit sie konkret betreibt. Die **GmbH & Co. KG** ist den Besonderheiten der **Kapitalgesellschaft angenähert** (Vollhaftung und Geschäftsführungsbefugnis für KG), so dass sie der KG ein gewerbliches Gepräge gibt.

Eine solche (analoge) Prägung sieht das FG jedoch nicht bei einer rechtsfähigen Stiftung. Anders als bei einer GmbH ist das **Vermögen** einer **Stiftung** von den Mitgliedern unabhängig **rechtlich selbstständig**. Diesen Unterschied sieht das FG als wesentlich an, so dass eine Stiftung nicht dem Typus der Kapitalgesellschaft i.S. des § 15 Abs. 3 Nr. 2 EStG entspricht.

Hinweis

Gegen das Urteil ist unter dem Az. II R 9/20 Revision beim BFH anhängig. Es bleibt nun abzuwarten, wie sich der BFH zu dieser Frage äußert, die insbesondere für die Frage der **erbschaftsteuerlichen Begünstigung** von Betriebsvermögen (§§ 13a, 13b Abs. 1 Nr. 2 ErbStG) von Bedeutung sein dürfte.

3.10 Beschränkter Verlustabzug bei vermögensverwaltender KG

Die Verlustausgleichsbeschränkung des § 15a EStG ist im Fall der **Entstehung oder Erhöhung eines negativen Kapitalkontos** sinngemäß auf vermögensverwaltende Kommanditgesellschaften mit Einkünften aus Vermietung und Verpachtung anzuwenden (§ 21 Abs. 1 Satz 2 EStG). Nach der Rechtsprechung des BFH ist der einem Kommanditisten zuzurechnende, nicht ausgeglichene oder abgezogene Werbungskostenüberschuss unabhängig von der Einkunftsart mit Überschüssen zu verrechnen, die dem Kommanditisten in späteren Jahren aus seiner Beteiligung zuzurechnen sind (BFH, Urteil v. 2.9.2014, IX R 52/13, BStBl 2015 II S. 263).

Nun äußerte sich auch das BMF dazu, wie die Beschränkung des Verlustausgleichs nach § 15a EStG auf vermögensverwaltende Kommanditgesellschaften mit Vermietungseinkünften anzuwenden ist. Das BMF-Schreiben v. 15.9.2020 (BStBl 2020 I S. 919) enthält u.a. Erläuterungen zur Berechnung des fiktiven Kapitalkontos und zu Besonderheiten bei den ausgleichsfähigen und verrechenbaren Verlusten für Einkünfte aus Vermietung und Verpachtung (§ 21 EStG), Einkünfte aus Kapitalvermögen (§ 20 EStG) und Einkünfte aus privaten Veräußerungsgeschäften (§ 22 Nr. 2 i.V.m. § 23 EStG) sowie Beispiele zur Reihenfolge des Verlustausgleichs und der Verlustverrechnung.

Hinweis

Welches **Verlustausgleichsvolumen** einem Kommanditisten nach § 15a Abs. 1 Satz 1 EStG zur Verfügung steht, ist laut BMF-Schreiben über ein **fiktives Kapitalkonto zu ermitteln**. Die ihm zuzurechnenden negativen Einkünfte aus Vermietung und Verpachtung sind nur bis zur Höhe des fiktiven Kapitalkontos mit anderen Einkünften ausgleichsfähig. Wird das fiktive Kapitalkonto negativ oder erhöht sich ein bestehendes negatives fiktives Kapitalkonto, können die negativen Einkünfte aus Vermietung und Verpachtung nur mit späteren positiven Einkünften (nach Maßgabe der folgenden Ausführungen unabhängig von der Einkunftsart) aus der Beteiligung an der Kommanditgesellschaft verrechnet werden (Einzelheiten s. Rz. 3 bis 5 des BMF-Schreibens).

Das BMF-Schreiben ist in allen offenen Fällen anzuwenden.

4 Änderungen für Kapitalgesellschaften

4.1 Berücksichtigung von Währungskurseffekten

Laut BFH sind Gewinne aus Währungssicherungsgeschäften, die ausschließlich zum Ausschluss bzw. zur Minderung des Währungskursrisikos einer konkret geplanten, in Fremdwährung abzuwickelnden **Anteilsveräußerung** abgeschlossen worden sind, als **Bestandteil des Veräußerungspreises** im Rahmen der Ermittlung des nach § 8b Abs. 2 Satz 1 KStG steuerfreien Veräußerungsgewinns zu berücksichtigen (BFH, Urteil v. 10.4.2019, I R 20/16, BStBl 2020 II S. 674).

Für spezifische Währungssicherungen (sog. Micro Hedges) folgt das **BMF** dem BFH und **konkretisiert** dazu den erforderlichen **Veranlassungszusammenhang** zwischen **Grund- und Sicherungsgeschäft** (BMF, Schreiben v. 5.10.2020, BStBl 2020 I S. 1033). Dies erfordert zum einen eine eindeutige und nachträglich **nicht veränderbare Dokumentation** der spezifischen Zuordnungsentscheidung. Zum anderen ist eine nachvollziehbare **Verbindung zwischen Grund- und Sicherungsgeschäft** in Bezug auf die betragsmäßige Höhe der beiden Geschäfte erforderlich. Hierbei ist auf den Grad der Konkretisierung des Grundgeschäfts zum Zeitpunkt des Abschlusses des Sicherungsgeschäfts abzustellen.

Das BMF erkennt grundsätzlich an, dass es zwischen Grund- und Sicherungsgeschäft zu Abweichungen der Höhe nach, insbesondere in Form eines sog. **Siche-**

rungsüberhangs kommen kann. Aus Vereinfachungsgründen sieht das BMF jedoch eine Übersicherung in Höhe von unter 10 % als unerhebliche Abweichung an. Ein darüber hinausgehender Sicherungsüberhang schließt für das BMF den erforderlichen Veranlassungszusammenhang vollumfänglich aus, wenn er bereits bei Abschluss des Sicherungsgeschäfts nach objektiven Umständen erkennbar war.

Bei **nachträglichen Änderungen** oder Anpassungen des Sicherungsgeschäfts muss der konkrete Veranlassungszusammenhang erneut nachgewiesen werden. Insbesondere eine **rückwirkende Heilung** eines anfänglich fehlenden konkreten Veranlassungszusammenhangs soll laut BMF durch eine spätere Änderung **nicht möglich** sein. Zudem kann es bei nachträglicher Änderung eines Sicherungsgeschäfts, für das bei erstmaligem Abschluss ein konkreter Veranlassungszusammenhang bestand, zu einem (nachträglichen) Wegfall des Veranlassungszusammenhangs (und damit der Anwendung des § 8b Abs. 2 KStG) insgesamt kommen, wenn die Änderung nicht unter Realisierung der bis zu diesem Zeitpunkt eingetretenen Währungsdifferenzen erfolgt. Eine Rückwirkung ist also in diesem Fall möglich.

Verluste aus Währungssicherungsgeschäften, für die ein konkreter Veranlassungszusammenhang besteht, mindern laut BMF als Bestandteil der Veräußerungskosten i. S. des § 8b Abs. 2 Satz 2 KStG den (steuerfreien) Veräußerungsgewinn bzw. erhöhen einen gem. § 8b Abs. 3 Satz 3 KStG bei der Ermittlung des Einkommens nicht zu berücksichtigenden Veräußerungsverlust.

Hinweis

Bleibt die Anteilsveräußerung aus, ist laut BMF auch die Steuerbefreiung nach § 8b Abs. 2 KStG für den Gewinn aus dem Sicherungsgeschäft ausgeschlossen; umgekehrt unterliegen (vergebliche) Aufwendungen im Zusammenhang mit einem gescheiterten Anteilserwerb nicht dem Abzugsverbot des § 8b Abs. 3 Satz 3 KStG.

4.2 Verdeckte Einlagen in Dreiecksverhältnissen

Als Ausnahme von der Grundregel (keine Erhöhung des Einkommens durch eine verdeckte Einlage) erhöht eine verdeckte Einlage das Einkommen, soweit sie das Einkommen des Gesellschafters gemindert hat (§ 8 Abs. 3 Satz 4 EStG). In Dreiecksverhältnissen greift die Einkommenserhöhung auch für eine verdeckte Einlage, die auf einer vGA einer dem Gesellschafter nahe stehenden Person beruht und bei der Besteuerung des Gesellschafters nicht berücksichtigt wurde (§ 8 Abs. 3 Satz 5,

1. HS KStG). Das Tatbestandsmerkmal der „Nichtberücksichtigung bei der Besteuerung des Gesellschafters" i.S. des § 8 Abs. 3 Satz 5 KStG liegt für den BFH nicht vor, wenn die vGA bei der Veranlagung des Gesellschafters zwar nicht erfasst worden ist, aber nach § 8b Abs. 1 KStG ohnehin hätte außer Ansatz bleiben müssen (BFH, Urteil v. 13.6.2018, I R 94/15, BFH/NV 2018 S. 1303).

Dem folgt die Finanzverwaltung nicht und wendet diese Aussagen nicht über den entschiedenen Einzelfall hinaus an (BMF, Schreiben v. 18.11.2020, IV C 2 – S 2743/18/10002 :001).

Hinweis

Laut BMF liegt eine „Nichtberücksichtigung" vor, wenn sie **bei der Veranlagung des Gesellschafters** zur Einkommensermittlung tatsächlich **nicht angesetzt** wurde. Entgegen der BFH-Auffassung bleibe eine ggf. vorliegende Freistellung nach § 8b Abs. 1 KStG dabei unberücksichtigt. Eine rein hypothetische Erfassung und Steuerfreistellung der vGA nach § 8b Abs. 1 KStG erfüllt damit laut BMF das Tatbestandsmerkmal der Nichtberücksichtigung i.S. des § 8 Abs. 3 Satz 5, 1. HS KStG. Betroffene Steuerpflichtige müssen daher im Einzelfall und im Zweifel gerichtlich unter Berufung auf die Aussagen des BFH gegen nachteilige Festsetzungen vorgehen.

4.3 Einstufung von Genussrechtskapital

In einem Grundsatzurteil äußerte sich der BFH zur Einstufung von Genussrechtskapital sowie zur Anerkennung einer „Repo"-Transaktion. Dabei stellt er für die **Abgrenzung** zwischen **Eigen- und Fremdkapital** bei Genussrechten wesentlich auf eine Beteiligung an einem etwaigen Liquidations(mehr)erlös ab. Fehlt diese, habe der Genussrechtsinhaber keine mit einem Gesellschafter vergleichbaren Vermögensrechte, so dass die Genussrechtsvergütungen bei ihm nicht als Dividende vereinnahmt werden können. Daran ändert für den BFH auch eine Stellung als Alleingesellschafter nichts.

Bei sog. „Repo"-Transaktionen (Put Option und Terminverkauf) lehnt der BFH einen Gestaltungsmissbrauch bei einer auf Dauer angelegten Zwischenschaltung einer deutschen Kapitalgesellschaft ab (BFH, Urteil v. 14.8.2019, I R 44/17, BFH/NV 2020 S. 807).

4.4 Anwendungsfragen zu § 8d KStG

Die Regelung des § 8d KStG räumt Körperschaften die Möglichkeit ein, unter bestimmten (engen) Voraussetzungen einen **Verlustuntergang** aufgrund eines schädlichen Anteilserwerbs gem. § 8c KStG zu **vermeiden**. Mit einem im August vorgelegten Entwurf eines BMF-Schreibens hat sich die Finanzverwaltung erstmals zu verschiedenen Auslegungs- und Anwendungsfragen im Zusammenhang mit dem **fortführungsgebundenen Verlustvortrag** nach § 8d KStG geäußert, u. a. zu:

- Frage des (letztmöglichen) **Zeitpunkts der Antragstellung** nach § 8d Abs. 1 Satz 5 KStG: Nach dem Entwurf-Schreiben kann der Antrag bis zum Eintritt der materiellen Bestandskraft der Steuerfestsetzung oder der Feststellung des Verlustvortrags nachgeholt werden (bei erstmaliger Erfassung eines schädlichen Beteiligungserwerbs i. S. des § 8c KStG in einem Änderungsbescheid bis zur Unanfechtbarkeit des Änderungsbescheids). Der Antrag soll bis zum Eintritt der materiellen Bestandskraft der Steuerfestsetzung im Rahmen der Abgabe einer berichtigten Körperschaftsteuererklärung zurückgenommen werden können.
- Präzisierung des **Begriffs des Geschäftsbetriebs** nach § 8d Abs. 1 Sätze 3 und 4 KStG.
- Konkretisierung der **schädlichen Ereignisse** i. S. des § 8d Abs. 2 KStG anhand von Beispielen.
- Ausführungen zu den Folgen eines **unterjährigen Eintritts** eines schädlichen Ereignisses.
- Zugehörigkeit des fortführungsgebundenen Verlustvortrags zu den unter § 8c KStG fallenden Verlusten (grundsätzlicher Untergang durch einen weiteren schädlichen Beteiligungserwerb i. S. des § 8c Abs. 1 KStG, allerdings Möglichkeit eines erneuten Antrags nach § 8d KStG).

Da § 8d KStG **auf gewerbesteuerliche Fehlbeträge** von Körperschaften **entsprechend anzuwenden** ist, sollen zwecks uneingeschränkter Umsetzung der Grundsätze des BMF-Schreibens auch bei der Gewerbesteuer in Kürze gleich lautende Erlasse der obersten Finanzbehörden der Länder ergehen, welche eine entsprechende Übertragung der Grundsätze des BMF-Entwurfs zum Inhalt haben.

Hinweis

Mit Wirkung ab dem Erhebungszeitraum 2020 soll durch das Jahressteuergesetz 2020 ein gesondertes gewerbesteuerliches Antragsrecht für Fälle aufgenommen werden, in denen es an nicht genutzten körperschaftsteuerlichen Verlusten fehlt (§ 10a Satz 12 GewStG-E).

4.5 Variable Ausgleichszahlungen im Rahmen einer Organschaft

Die Anerkennung einer ertragsteuerlichen Organschaft setzt u. a. voraus, dass die Organgesellschaft ihren ganzen Gewinn an den Organträger abführt. Der BFH verneinte diese Voraussetzung entgegen der früheren Auffassung der Finanzverwaltung (BMF, Schreiben v. 20.4.2010, BStBl 2010 I S. 372) bei einer **Ausgleichszahlung an einen außenstehenden Gesellschafter**, die neben einem festen auch einen variablen am Ertrag der Organgesellschaft orientierten Bestandteil enthielt (BFH, Urteil v. 10.5.2017, I R 93/15, BStBl 2019 II S. 278).

Im Rahmen des Jahressteuergesetzes 2018 v. 11.12.2018 (BGBl 2018 I S. 2338) wurde deshalb in § 14 Abs. 2 KStG gesetzlich geregelt, unter welchen Voraussetzungen der ganze Gewinn als abgeführt gilt. Danach darf die Ausgleichszahlung insgesamt den – dem Anteil des Minderheitsgesellschafters am gezeichneten Kapital der Organgesellschaft entsprechenden – Gewinnanteil des Wirtschaftsjahres nicht überschreiten, der ohne Gewinnabführungsvertrag hätte geleistet werden können (fiktiver Gewinnanteil). Der über den Mindestbetrag nach § 304 Abs. 2 Satz 1 AktG hinausgehende Betrag muss wirtschaftlich begründet sein (sog. Kaufmannstest, § 14 Abs. 2 Satz 3 KStG).

Das BMF äußerte sich nun mit Schreiben v. 4.3.2020 (BStBl 2020 I S. 256) zu verschiedenen Anwendungsfragen. So stellt es als Bezugsgröße für den fiktiven Gewinnanteil eines außenstehenden Gesellschafters stets auf den **Gesamtgewinn der Organgesellschaft** ab. Dies gilt auch in Fällen von Spartengewinnen im Rahmen sog. Tracking-stock-Strukturen (vgl. Rz. 8 des Schreibens). Auch eine **vertraglich vereinbarte disquotale Gewinnverteilung** beeinflusst laut BMF nicht den Höchstbetrag. Die Ermittlung des Höchstbetrags ist für jedes Wirtschaftsjahr gesondert vorzunehmen. In Fällen, in denen in einem Wirtschaftsjahr die geleistete Ausgleichszahlung geringer ist als der fiktive Gewinnanteil, kann der nicht voll ausgeschöpfte Teil des Höchstbetrags nicht in die Ermittlung des Höchstbetrags für folgende Wirtschaftsjahre einbezogen werden.

Hinweis

Das BMF beschreibt die Durchführung des Kaufmannstests nicht näher, weist aber darauf hin, dass in Fällen ohne Näheverhältnis zwischen Organträger und Minderheitsgesellschafter der Kaufmannstest regelmäßig nicht der Anerkennung der steuerlichen Organschaft entgegenstehe.

4.6 Umwandlungsbedingte Mehrabführungen

Das FG Rheinland-Pfalz äußerte sich zu den Folgen der Verschmelzung von zwei Gesellschaften auf eine Organgesellschaft (Aufwärtsverschmelzungen). Der durch den höheren Ansatz der übergehenden Wirtschaftsgüter in der Handelsbilanz entstehende **Wertunterschied zwischen Handels- und Steuerbilanz** resultierte in einer Mehrabführung der Organgesellschaft an den Organträger. Laut Finanzverwaltung soll § 14 Abs. 3 Satz 1 KStG auch auf eine umwandlungsbedingte Mehrabführung Anwendung finden und diese damit in vororganschaftlicher Zeit angesiedelt sein (Tz. Org. 33 des UmwStE 2011).

Dem folgte das FG nicht, sondern bejahte eine organschaftliche Mehrabführung (FG Rheinland-Pfalz, Urteil v. 10.9.2019, 1 K 1418/18). Ausgehend vom Wortlaut könne eine vororganschaftliche Mehrabführung nur dann vorliegen, wenn die Ursache der Mehrabführung zeitlich vor der Begründung des Organschaftsverhältnisses liege. Die vororganschaftliche Mehrabführung sei dann als Folgewirkung bzw. als Umkehreffekt einer Bestandsdifferenz zwischen Handels- und Steuerbilanz in vororganschaftlicher Zeit anzusehen. Eine eigene Kategorie von „außerorganschaftlich“ verursachten Mehrabführungen lasse sich der gesetzlichen Regelung nicht entnehmen und sei auch nach ihrem Sinn und Zweck nicht notwendig.

Hinweis

Gegen das Urteil ist Revision anhängig (Az. I R 51/19), so dass nun der BFH die Möglichkeit hat, diese Frage höchstrichterlich zu klären.

4.7 Steuerliches Einlagekonto

Mit dem Feststellungsbescheid gem. § 27 Abs. 2 KStG wird die Höhe des steuerlichen Einlagekontos gem. § 27 KStG gesondert festgestellt. Über § 20 Abs. 1 Nr. 1 Satz 3 EStG entfaltet dieser Bescheid Bindungswirkung für die Gesellschafter. Danach gehören Bezüge nicht zu den Einnahmen aus Kapitalvermögen, soweit für diese **Eigenkapital i. S. des § 27 KStG als verwendet gilt**.

In einem Verfahren des vorläufigen Rechtsschutzes hat der BFH bei der Frage, ob den Gesellschaftern einer Kapitalgesellschaft ein **Drittanfechtungsrecht** hinsichtlich der gesonderten Feststellung des Bestands des steuerlichen Einlagekontos zusteht, Zweifel geäußert. Jedenfalls ist es für den BFH nicht ernstlich zweifelhaft, dass ein solches Recht den Beschränkungen des § 166 AO unterliegen würde (BFH, Beschluss v. 10.12.2019, I B 35/19, BStBl 2020 II S. 517).

Hinweis

Gemäß § 166 AO kann ein Dritter die Rechtswidrigkeit eines Bescheids nicht mehr geltend machen, wenn er von dem ihm zustehenden (und hier unterstellten) Anfechtungsrecht bis zum Eintritt der formellen Bestandskraft des Bescheids nicht Gebrauch gemacht hat. Das war vorliegend bis zur formellen Bestandskraft nicht erfolgt, so dass eine Klage der Gesellschafter laut BFH keine Aussicht auf Erfolg hätte und der AdV-Antrag abgewiesen wurde. Da es sich um ein Verfahren des vorläufigen Rechtsschutzes handelte, bleibt auch der Ausgang der Hauptsache abzuwarten.

4.8 Anwendungsfragen zum neu gefassten § 21 KStG

Der durch das Jahressteuergesetz 2018 v. 11.12.2018 (BGBl 2018 I S. 2338) neu gefasste § 21 KStG regelt die steuerliche Behandlung von Aufwendungen für **Beitragsrückerstattungen bei Versicherungsunternehmen**. Die Neufassung war aufgrund geänderter aufsichtsrechtlicher und wirtschaftlicher Rahmenbedingungen notwendig geworden. Mit Schreiben v. 12.12.2019 (BStBl 2019 I S. 1376) äußerte sich das BMF zu Anwendungsfragen der Neuregelung.

Neben einem erläuternden Teil (u. a. Einzelfragen bezüglich der für die Berechnung der abziehbaren Aufwendungen maßgeblichen Kenngrößen), enthält das Schreiben verschiedene Berechnungsbögen, in denen anhand von Beispielen die einzelnen

Berechnungsschritte detailliert erläutert werden. Hierdurch soll eine einheitliche Anwendung der Berechnungssystematik durch die betroffenen Versicherer und die Finanzverwaltung sichergestellt werden.

Hinweis

Die Anwendbarkeit der Grundsätze des BMF-Schreiben richtet sich nach der erstmaligen Anwendung der Neufassung des § 21 KStG, also grundsätzlich erstmals für den VZ 2019. Sie konnte aber unter bestimmten Voraussetzungen und auf bis zum 30.6.2019 zu stellenden, unwiderruflichen Antrag auch schon für den VZ 2018 angewandt werden.

4.9 Zuflusszeitpunkt von Tantiemen bei verspäteter Feststellung des Jahresabschlusses

Bei **beherrschenden Gesellschafter-Geschäftsführern** wird auch ohne Zahlung oder Gutschrift der Zufluss einer Leistung bei deren Fälligkeit fingiert, da dieser selbst den Auszahlungszeitpunkt bestimmen kann und somit wirtschaftliche Verfügungsmacht erlangt hat (Bestehen einer unbestrittenen Forderung gegen die Kapitalgesellschaft). Tantiemen werden grundsätzlich mit der Feststellung des Jahresabschlusses fällig (vorbehaltlich abweichender wirksamer, fremdüblicher Fälligkeitsvereinbarungen). Der BFH hatte nun zu klären, wie Fälle zu beurteilen sind, in denen der Jahresabschluss verspätet festgestellt wurde.

Danach kommt für den BFH eine fiktive **Vorverlegung der Fälligkeit** (und damit des Zuflusses) einer Tantieme auf den Zeitpunkt, zu dem die Fälligkeit bei fristgerechter Aufstellung des Jahresabschlusses eingetreten wäre (fiktive Fälligkeit), nicht in Betracht (BFH, Urteil v. 28.4.2020, VI R 44/17, BFH/NV 2020 S. 1125).

Hinweis

Der BFH weist jedoch darauf hin, dass sich im Hinblick auf § 42 AO die Beurteilung ggf. ändern kann, wenn Anhaltspunkte dafür vorlägen, dass ein beherrschender Gesellschafter willkürlich durch Nichtbeachtung der gesetzlichen Pflicht zur rechtzeitigen Feststellung des Jahresabschlusses die Fälligkeit eines ihm zustehenden Tantiemeanspruchs und damit den Zeitpunkt der Versteuerung der Tantieme hinauszögert.

Nicht äußern musste sich der BFH zu der Frage, ob und unter welchen Voraussetzungen ein **Verlustrücktrag** bei der Bemessung der Höhe der Tantieme zu berücksichtigen ist. Nach Auffassung der Vorinstanz kann ein solcher jedenfalls nur berücksichtigt werden, wenn dies vertraglich ausdrücklich vereinbart ist (vgl. FG Rheinland-Pfalz, Urteil v. 24.8.2017, 6 K 1418/14).

4.10 Wechsel von Gruppenunterstützungskassen

Unterstützungskassen sind unter den Voraussetzungen des § 5 Abs. 1 Nr. 3 KStG von der Körperschaftsteuer befreit. Sie unterliegen dabei u.a. einem Vermögensbindungsgebot. Die Steuerfreiheit fordert dabei, dass vorbehaltlich des § 6 KStG die ausschließliche und unmittelbare Verwendung des Vermögens und der Einkünfte der Kasse nach Satzung und der tatsächlichen Geschäftsführung für Zwecke der Kasse dauerhaft gesichert ist. Dies gilt auch für Gruppenunterstützungskassen.

Das BMF sieht **keinen Verstoß gegen das Vermögensbindungsgebot**, wenn die Vermögenswerte von einer steuerfreien Gruppenunterstützungskasse auf eine andere, ebenfalls steuerfreie, Unterstützungskasse unmittelbar übertragen werden. Dies gilt nur für Vermögenswerte, die auf das wechselnde Trägerunternehmen (Arbeitgeber) entfallen (BMF, Schreiben v. 18.2.2020, BStBl 2020 I S. 221).

Hinweis

Mit dem BMF-Schreiben trifft die Finanzverwaltung eine für die Praxis hilfreiche Klarstellung, die die Körperschaftsteuerbefreiung von Gruppenunterstützungskassen betrifft. Laut dem BMF-Schreiben muss diese Art der Vermögensübertragung nicht in der Satzung der Kasse verankert sein.

5 Wegzugsbesteuerung

Nach § 6 Abs. 3 AStG kann eine zunächst bestehende **Wegzugsbesteuerung** (Aufgabe der unbeschränkten Steuerpflicht durch Wegzug) hinsichtlich der in Beteiligungen i.S. des § 17 EStG enthaltenen stillen Reserven **bei Rückkehr wieder entfallen**. Für einen solchen Wegfall ist laut FG Münster erforderlich, dass beim Steuerpflichtigen bereits im Zeitpunkt des Wegzugs der subjektive Willen zur späteren Rückkehr vorlag. Dies müsse der Steuerpflichtige – ggf. auch im Nachhinein – glaubhaft machen. Das FG Münster folgt damit der bereits bisher von der Finanzverwaltung vertretenen **subjektiven Betrachtungsweise** (FG Münster, Urteil

v. 31.10.2019, 1 K 3448/17 E). Für Teile im Schrifttum reiche dagegen für den Wegfall der Wegzugsbesteuerung nach § 6 Abs. 3 AStG bereits die fristgerechte Rückkehr aus (objektive Betrachtungsweise).

Hinweis

Gegen das Urteil ist unter dem Az. I R 55/19 Revision beim BFH anhängig. Sollte der BFH die subjektive Betrachtungsweise bestätigen, kann § 6 Abs. 3 AStG für steuerlich „verunglückte" Wegzüge oder gescheiterte Auswanderungen nicht ohne weiteres herangezogen werden. Es wirft sich dann die Frage auf, inwieweit eine Dokumentation der ursprünglichen Motivlage erfolgen muss. In prozessrechtlicher Hinsicht ist fraglich, wie eine Glaubhaftmachung der ursprünglichen Motivlage – ggf. noch im Nachhinein – erfolgen kann (§ 155 FGO i.V.m. § 294 ZPO).

Laut FG Köln kann auch bei einem weiterhin bestehenden Besteuerungsrecht in Deutschland die Wegzugsbesteuerung gem. § 6 Abs. 1 Satz 1 AStG ausgelöst werden (Urteil v. 28.3.2019, 15 K 2159/15). Insbesondere hielt das FG Köln eine teleologische Reduktion des § 6 Abs. 1 Satz 1 AStG für solche Fälle, in denen Deutschland das Steuersubstrat gerade nicht abhanden kommt, für nicht geboten.

Hinweis

Im Ergebnis greift damit im konkreten Fall die Wegzugsbesteuerung auch bei einer Immobilien-Kapitalgesellschaft, wobei im Fall nach Art. 13 DBA-USA das Besteuerungsrecht bei Deutschland verblieb. Die Revision ist unter dem Az. I R 30/19 beim BFH anhängig.

Im Zusammenhang mit der Wegzugsbesteuerung in Fällen mit **Bezug zur Schweiz** hat das BMF mit Schreiben v. 13.11.2019 (BStBl 2019 I S. 1212) auf das EuGH-Urteil in der Rs. Wächtler (EuGH, Urteil v. 26.2.2019, Rs. Wächtler, C-581/17, BFH/NV 2019 S. 511) reagiert.

Hinweis
Im Rahmen der ATAD-Umsetzung sind auch Verschärfungen der Wegzugsbesteuerung in der Diskussion, vgl. zum Stand des ATAD UmsG Kapitel Ausblick Tz. 2.12.

6 Änderungen für Arbeitnehmer

6.1 Kürzung der Verpflegungspauschalen

Mahlzeiten, die Arbeitnehmer von ihrem Arbeitgeber zur Verfügung gestellt bekommen, führen grundsätzlich zu einer Kürzung der im Rahmen der **Werbungskosten** steuerlich abziehbaren Verpflegungspauschalen. Dies gilt laut BFH auch für Mahlzeiten, die der Steuerpflichtige nicht eingenommen hat (BFH, Urteil v. 7.7.2020, VI R 16/18, BFH/NV 2021 S. 68). Damit urteilt der BFH entsprechend der einschlägigen Passage des BMF-Schreibens zum steuerlichen Reisekostenrecht. Aus welchen Gründen der Arbeitnehmer eine zur Verfügung gestellte Mahlzeit nicht einnimmt, ist dabei für den BFH unerheblich.

Hinweis
Vgl. zu den 2020 erhöhten Verpflegungspauschalen sowie dem neugefassten Anwendungsschreiben vom 25.11.2020 Kapitel Rückblick Tz. 2.7.2.

6.2 Arbeitszimmer und Arbeitswege in der Corona-Krise

Viele Arbeitnehmer arbeiten wegen der Corona-Krise von zu Hause aus. Mit dem Jahressteuergesetz 2020 will der Gesetzgeber eine Möglichkeit schaffen, für diese Zeit einen pauschalen Werbungskostenabzug für die erhöhten Aufwendungen des Arbeitens von zu Hause (sog. Homeoffice-Pauschale) unabhängig von den strengen Voraussetzungen eines häuslichen Arbeitszimmers vorzunehmen. Danach soll in Fällen, in denen die Voraussetzungen für ein häusliches Arbeitszimmer nicht vorliegen bzw. auf einen Abzug verzichtet wird, pro Kalendertag der Arbeit von zu Hause eine Pauschale von 5 EUR berücksichtigt werden können, höchstens jedoch 600 EUR im Jahr. Die Pauschale soll auf die Jahre 2020 und 2021 zeitlich befristet sein (§ 4 Abs. 5 Satz 1 Nr. 6b Satz 4 EStG-E).

Hinweis

Steuerpflichtige sollten darüber hinaus den bestehenden Werbungskostenabzug für **Aufwendungen für Arbeitsmittel** (z. B. Monitor, Schreibtischstuhl, anteilige Telefon- und Internetkosten) prüfen.

Ebenfalls sollten Arbeitnehmer, denen ein Dienstwagen auch zur Nutzung für Wege zwischen Wohnung und Tätigkeitsstätte zur Verfügung gestellt wird, prüfen, ob sie im Rahmen ihrer Einkommensteuerveranlagung zur Einzelbewertung ihrer (geringeren) Fahrten zwischen Wohnung und Tätigkeitsstätte ansetzen können.

7 Änderungen für Kapitalanleger und Vermieter

7.1 Private Veräußerungsgeschäfte

7.1.1 Unentgeltlicher Erwerb bei privaten Veräußerungsgeschäften

Der BFH hat sich im Verfahren IX R 8/18 zu der Frage geäußert, ob die Übertragung eines Grundstücks ohne Übernahme der Grundschuld als privates Veräußerungsgeschäft anzusehen ist. Danach handelt es sich grundsätzlich dann um einen unentgeltlichen Erwerb i. S. des § 23 Abs. 1 Satz 3 EStG, wenn im Rahmen der Übertragung eines Grundstücks (hier im Wege der **vorweggenommenen Erbfolge**) unter Übernahme der Grundschulden dem Übergeber (hier der Mutter) ein **dingliches Wohnrecht** eingeräumt wird, allerdings die durch Grundschulden auf dem Grundstück abgesicherten Darlehen des Übergebers nicht übernommen werden. Laut BFH übernimmt die Erwerberin (hier die Tochter) in diesem Fall lediglich die **dingliche Belastung**, nicht aber die zugrunde liegenden schuldrechtlichen Verpflichtungen aus den Darlehensverträgen und erbringt mithin keine Gegenleistung. Vielmehr liege hier ein Erwerb des um den Wert der dinglichen Belastungen geminderten Grundstücks vor (BFH, Urteil v. 3.9.2019, IX R 8/18, BStBl 2020 II S. 122).

Hinweis

Für die „Nutzung zu eigenen Wohnzwecken" i.S. des § 23 Abs. 1 Satz 1 Nr. 1 Satz 3 EStG sieht es der BFH als **unschädlich** an, wenn der Steuerpflichtige das Gebäude gemeinsam mit seinen Familienangehörigen oder einem Dritten **bewohnt**. Eine Nutzung zu „eigenen Wohnzwecken" liege hingegen nicht vor, wenn der Steuerpflichtige die Wohnung entgeltlich oder unentgeltlich an einen Dritten überlässt, ohne sie zugleich selbst zu bewohnen. Im Übrigen ordnete der BFH die von der Klägerin aus dem Kaufpreis beglichenen Darlehensverbindlichkeiten nicht als nachträgliche Anschaffungskosten der Immobilie ein.

7.1.2 Ausnahmen bei privaten Immobilienveräußerungen

Bei privaten Immobilienveräußerungen, bei denen der Zeitraum zwischen Anschaffung und Veräußerung nicht mehr als zehn Jahre beträgt, ist der Veräußerungsgewinn nach § 23 EStG grundsätzlich einkommensteuerpflichtig. Dies gilt jedoch nicht, wenn die Immobilie im Zeitraum zwischen Anschaffung oder Fertigstellung und Veräußerung **ausschließlich zu eigenen Wohnzwecken** (§ 23 Abs. 1 Satz 1 Nr. 1 Satz 3, Alt. 1 EStG) oder im Jahr der Veräußerung und in den beiden vorangegangenen Jahren zu eigenen Wohnzwecken genutzt wurde (§ 23 Abs. 1 Satz 1 Nr. 1 Satz 3, 2. Alt. EStG).

In der Praxis war u.a. streitig, ob die Voraussetzungen der Alt. 2 erfüllt sind, wenn der Steuerpflichtige die bisher selbstbewohnte Immobilie im Veräußerungsjahr zwischen dem Ende der Eigennutzung und dem Verkauf **kurzzeitig vermietet**. Dies sah der BFH in seinem nachträglich zur Veröffentlichung zugelassenen Urteil v. 3.9.2019 (IX R 10/19, BStBl 2020 II S. 310) grundsätzlich als unschädlich an.

Dem folgt auch das BMF mit Schreiben v. 17.6.2020 (BStBl 2020 I S. 576). Danach ist eine kurzzeitige Vermietung im Veräußerungsjahr für die Steuerfreiheit unschädlich, wenn das Objekt im Veräußerungsjahr zumindest am 1. Januar, im Vorjahr der Veräußerung durchgehend sowie im zweiten Jahr vor der Veräußerung mindestens am 31. Dezember zu eigenen Wohnzecken genutzt war. Wie bisher bleibt jedoch ein Leerstand oder eine fremde Nutzung im Vorjahr der Veräußerung schädlich.

Hinweis

Soweit das BMF-Schreiben v. 5.10.2000 (BStBl 2000 I S. 1383) im 2. Tiret zu Rz. 25 insoweit noch von anderen Grundsätzen ausgeht, wird daran nun nicht mehr festgehalten. Die neue Sichtweise greift für alle offenen Fälle.

7.1.3 Behandlung von Gold-Zertifikaten

Bei sog. „Gold Bullion Securities" handelt es sich um an der Börse gehandelte unbefristete Inhaberschuldverschreibungen (ohne Verzinsung und ohne Endfälligkeit), die einen Anspruch gegen die Emittentin auf **Lieferung physischen Goldes** verbriefen. Der BFH beurteilte einen Fall, in dem der Inhaber nach den Emissionsbedingungen bei Kündigung statt der Auslieferung des Goldes alternativ auch das Gold von der Emittentin veräußern und sich den erzielten Veräußerungserlös auszahlen lassen konnte. In Fortführung seiner Rechtsprechung entschied der BFH, dass sich die Forderung in dem Fall primär auf eine **Sachleistung in Form des hinterlegten Goldes** und nicht auf eine Geldleistung richte. Die Veräußerungserlöse seien damit keine Kapitaleinkünfte nach § 20 Abs. 2 Satz 1 Nr. 7 EStG, sondern private Veräußerungsgeschäfte nach § 22 Nr. 2 i.V.m. § 23 Abs. 1 Satz 1 Nr. 2 EStG. In der Cash-Alternative liege quasi eine Zusatzleistung zur Sachleistungspflicht „Lieferung des Goldes". Dabei berücksichtigte der BFH im Urteilsfall auch, dass die Emittentin nach den Bedingungen nicht frei über das eingesammelte Kapital verfügen konnte, sondern dieses zur Besicherung der Ansprüche in physisches Gold anlegen musste (BFH, Urteil v. 16.6.2020, VIII R 7/17, BFH/NV 2020 S. 1345).

Hinweis

Damit widerspricht der BFH der Finanzverwaltung. Da die Bank daher regelmäßig Kapitalertragsteuer auf den Gewinn abführt, muss der Anleger diese **Kapitalertragsteuer** über die Steuererklärung unter Berufung auf die BFH-Rechtsprechung zurückholen. Abzuwarten bleibt auch die Entscheidung des BFH in einem Fall, in dem der Anleger bei Veräußerung seiner Fondsbeteiligung statt Geld die Lieferung einer bestimmten Goldmenge verlangen kann (anhängig unter dem Az. VIII R 15/18).

7.1.4 Verlustverrechnungsbeschränkung bei Kapitaleinkünften

Nach der zum Ende des Jahres 2019 eingeführten Verlustverrechnungsbeschränkung bei Kapitaleinkünften können Verluste aus dem Ausfall von Kapitalanlagen im Privatvermögen bereits ab dem 1.1.2020 nur i.H.v. 10.000 EUR pro Jahr mit Einkünften aus Kapitalvermögen ausgeglichen werden (§ 20 Abs. 6 Satz 6 EStG). Weiterhin sind ab dem 1.1.2021 Verluste aus Termingeschäften nur bis zu 10.000 EUR im Jahr zu verrechnen (§ 20 Abs. 6 Satz 5 EStG).

Der Bundesrat forderte in seiner Stellungnahme zum Jahressteuergesetz 2020 vom 9.10.2020 die Streichung der Verlustverrechnungsbeschränkung in § 20 Abs. 6 Sätze 5 und 6 EStG, konnte sich aber nicht durchsetzen.

Hinweis

Mit Schreiben v. 11.11.2020 (IV C 1 – S 2401/19/10003 :001) gewährt das BMF für die Anwendung der neuen Regelungen beim Kapitalertragsteuerabzug durch die Banken in bestimmten Fällen für die Jahre 2020 und 2021 eine Nichtbeanstandungsregelung, die aber nicht im Rahmen der Veranlagung gilt. Steuerpflichtige sind daher gehalten, ihre Verluste im Rahmen der Veranlagung durch Vorlage von Abrechnungen nachzuweisen (vgl. Rdz. 78 des BMF-Schreibens). Diese sollten Anleger genau prüfen, ebenso, ob ihre Verluste (etwa aus Totalverlusten) entsprechend steuerlich berücksichtigt wurden, vgl. dazu auch nachfolgende Tz. 7.1.5.

Hinweis

Durch das Jahressteuergesetz 2020 sollen die Höhe der verrechenbaren Verluste aus Termingeschäften und aus dem Forderungsausfall auf 20.000 EUR angehoben werden (§ 20 Abs. 6 Sätze 5 und 6 EStG-E).

7.1.5 Verluste aus entschädigungslosem Aktienentzug

Der BFH führt seine Rechtsprechung zu den sog. **Totalverlusten** fort und bejaht auch die Berücksichtigung eines aus einer Kapitalherabsetzung auf Null entstandenen entschädigungslosen Aktienveräußerungsverlustes (BFH, Urteil v. 3.12.2019, VIII R 34/16, BFH/NV 2020 S. 640). Zwar erfassen weder der Veräußerungstatbestand des § 20 Abs. 2 Satz 1 Nr. 1 EStG noch die Ergänzungstatbestände des § 20

Abs. 2 Satz 2 EStG den Untergang der Beteiligung infolge der Kapitalherabsetzung auf Null unter Ausschluss des Bezugsrechts. In der **Nichterfassung** sieht der BFH aber eine **planwidrige Regelungslücke**, da der Gesetzgeber seit Einführung der Abgeltungsteuer alle Wertveränderungen besteuern wolle – somit auch die Kapitalherabsetzung auf Null. Diese vorhandene planwidrige Lücke kann laut BFH durch entsprechende Anwendung des Veräußerungstatbestands in § 20 Abs. 2 Satz 1 Nr. 1 EStG auf den eingetretenen Aktienentzug geschlossen werden. Der Aktienentzug sei mit einer Veräußerung objektiv wertloser Aktien vergleichbar.

Hinweis

Damit widersprach der BFH erneut der Finanzverwaltung. Vgl. zu der mit Wirkung vom VZ 2020 für bestimmte Totalverluste eingeführten besonderen Verlustverrechnungsbeschränkung (§ 20 Abs. 6 Satz 6 EStG) die Ausführungen in Kapitel Rückblick Tz. 7.1.4.

7.1.6 Veräußerungsgeschäft nach Anwachsung eines Gesellschaftsanteils

Eine gesonderte und einheitliche Feststellung von Besteuerungsgrundlagen darf laut BFH nur für solche Einkünfte vorgenommen werden, für die die Gesellschafter gemeinsam (d.h. in der „Einheit der Gesellschaft") den Tatbestand der Einkunftserzielung verwirklichen. Dies hat der BFH in einem Fall entschieden, in dem ein Gesellschafter gegen Zahlung einer Abfindung aus einer grundbesitzhaltenden vermögensverwaltenden GbR ausschied und sein Anteil daraufhin den verbleibenden Gesellschaftern nach § 738 Abs. 1 BGB anwuchs. Anschließend veräußerte die GbR aus dem Gesamthandsvermögen ein Grundstück.

Für den BFH war eine gesonderte und einheitliche Feststellung der Einkünfte aus dem privaten Veräußerungsgeschäft i.S. des § 23 EStG nicht zulässig. Gesellschafter einer vermögensverwaltenden Personengesellschaft erfüllen den Tatbestand des § 23 Abs. 1 Satz 1 Nr. 1 EStG nur dann „gemeinsam", wenn die den Tatbestand des privaten Veräußerungsgeschäfts konstituierenden **Teilakte**, d.h. die Anschaffung und die Veräußerung, **jeweils in der Einheit der Gesellschaft** verwirklich werden. Zwar wurde die Veräußerung gemeinschaftlich durch die GbR ausgeübt, allerdings wurde der Erwerb im Wege der Anwachsung durch die einzelnen Gesellschafter und nicht in der Einheit der Gesellschaft vollzogen (BFH, Urteil v. 19.11.2019, IX R 24/18, BStBl 2020 II S. 225).

Hinweis
Bei entsprechenden Feststellungsbescheiden sollte daher geprüft werden, ob die Tatbestände des privaten Veräußerungsgeschäfts (sowohl Anschaffung als auch Veräußerung) gemeinschaftlich vollzogen wurden.

7.1.7 Basiszins zur Berechnung der Vorabpauschale von Investmentfonds

Zu den Erträgen aus Investmentfonds gehört seit der Investmentsteuerreform 2018 auch die sog. Vorabpauschale. Mit Schreiben v. 29.1.2020 (BStBl 2020 I S. 218) gab das BMF den für die Vorabpauschale 2020 maßgeblichen Basiszins bekannt. Der aufgrund der Ableitung aus der langfristig erzielbaren Rendite öffentlicher Anleihen von der Deutschen Bundesbank errechnete **Basiszins beträgt 0,07 %** (Stichtag: 2.1.2020).

Hinweis
Die Vorabpauschale gilt am ersten Werktag des folgenden Kalenderjahres als zugeflossen; die Vorabpauschale für 2020 damit am 4.1.2021.

7.1.8 Mitteilungspflichten von Fondsanlegern

Erwerbe und Veräußerungen von bestimmten Auslandsbeteiligungen müssen nach § 138 Abs. 2 Satz 1 Nr. 3 AO gemeldet werden. Das BMF äußert sich nun dahingehend, dass diese Vorschrift für Anleger in- und ausländischer Investmentfonds nicht für mittelbar über den Investmentfonds erworbene und veräußerte Beteiligungen gilt. Die Mitteilungspflicht greift dagegen bei Erwerben und Veräußerungen unmittelbarer Beteiligungen an ausländischen Investmentfonds bei Vorliegen der (weiteren) Voraussetzungen des § 138 Abs. 2 Satz 1 Nr. 3 AO (BMF, Schreiben v. 18.9.2020, BStBl 2020 I S. 971).

7.1.9 Unterschiedsbeträge gemäß Investmentsteuergesetz

Das bis zum 31.12.2017 geltende alte Recht des InvStG ist weiterhin auf von Investmentfonds ab 1.1.2018 im Bundesanzeiger veröffentlichte Unterschiedsbeträge, die vor 2018 endende Geschäftsjahre eines Investmentfonds betreffen, anzuwenden. Unterschiedsbeträge können sich aufgrund von Korrekturen der nach altem

Recht ermittelten und veröffentlichten Besteuerungsgrundlagen ergeben. Mit BMF-Schreiben v. 19.12.2019 (BStBl 2020 I S. 85), mit dem das umfangreiche Anwendungsschreiben zum InvStG 2018 weiter ergänzt wird, äußerte sich das BMF auch anhand von Beispielen ausführlich zu der Behandlung dieser Unterschiedsbeträge bei betrieblichen und privaten Anlegern.

7.2 Sonderabschreibungen für den Mietwohnungsneubau

Der mit dem Gesetz zur steuerlichen Förderung des Mietwohnungsneubaus v. 4.8.2019 (BGBl 2019 I S. 1122 ff.) eingeführte § 7b EStG fördert unter bestimmten Voraussetzungen die Anschaffung oder Herstellung neuer Mietwohnungen mit einer Sonderabschreibung von jeweils bis zu 5 % in den ersten vier Jahren. Die maximale Bemessungsgrundlage der Förderung beträgt 2.000 EUR je Quadratmeter Wohnfläche. Förderfähig sind dabei nur Wohnungen mit Anschaffungs- oder Herstellungskosten von bis zu 3.000 EUR pro qm (Kappungsgrenze).

Hinweis

Die Sonderabschreibung ist nur für Investitionen möglich, für die ein Bauantrag (bzw. eine Bauanzeige) zwischen dem 1.9.2018 und dem 31.12.2021 gestellt wird. Letztmalig kann sie im Jahr 2026 in Anspruch genommen werden.

Die Sonderabschreibungen werden nur gewährt, soweit die Voraussetzungen der beihilferechtlichen EU-Vorgaben in der **De-minimis-Verordnung** eingehalten werden. Unter anderem darf hiernach der Gesamtbetrag der einem einzigen Unternehmen gewährten De-minimis-Beihilfen in einem Zeitraum von drei Veranlagungszeiträumen 200.000 EUR nicht übersteigen (§ 7b Abs. 5 Satz 2 EStG).

Hinweis

Das BMF äußert sich im Schreiben v. 7.7.2020 zu Anwendungsfragen. Neben Ausführungen zu den einkommensteuerrechtlichen Voraussetzungen für die Inanspruchnahme der Sonderabschreibung nach § 7b EStG (Rdnr. 1–88) enthält das BMF-Schreiben vor allem auch Ausführungen zu den beihilferechtlichen Voraussetzungen (Rdnr. 89–125). Dabei stellt das BMF ein Berechnungsschema (Excel-Datei) zur Ermittlung des relevanten wirtschaftlichen

Vorteils (Beihilfewert) aus der Sonderabschreibung nach § 7b EStG zur Verfügung (vgl. Rdnr. 105 des BMF-Schreibens). Flankierend hat es eine Checkliste zur Inanspruchnahme der Sonderabschreibungen veröffentlicht.

8 Änderungen beim Erben und Schenken

8.1 Erbschaftsteuer-Hinweise 2019 zu den Richtlinien veröffentlicht

Mit Schreiben vom 16.12.2019 wurden die Hinweise zu den Erbschaftsteuer-Richtlinien 2019 im Bundessteuerblatt am 30.12.2019 veröffentlicht. Darin wird insbesondere die Behandlung von (jungen) Finanzmitteln im Zusammenhang mit Einlagen von Verwaltungsvermögen **von Mutter- in Tochterunternehmen** durch ein Beispiel erläutert. Es wird weiterhin an der umstrittenen Auffassung festgehalten, dass auch **konzerninterne Einlagen zu jungen Finanzmitteln** führen. Die Finanzverwaltung verzichtet lediglich auf eine Mehrfacherfassung ein und derselben Finanzmittel im Falle von mehrstufigen konzerninternen Einlagen. Dies wird durch einen entsprechenden Kürzungsbetrag realisiert.

Weiterhin vertritt die Finanzverwaltung die Auffassung, dass **Einlagen** von Finanzmitteln von Mutter- in Tochterunternehmen bei der Ermittlung als junge Finanzmittel der Tochtergesellschaft anzusetzen sind. Im Falle von **konzerninternen Einlageketten** führt dies zu einer **mehrfachen Erfassung** ein und derselben Finanzmittel als junge Finanzmittel (R E 13b.29 Abs. 3 ErbStR 2019). Die Hinweise enthalten lediglich eine Klarstellung, dass – soweit konzerninterne Einlagen zu einer mehrfachen Erfassung von jungen Finanzmitteln führen, diese auf der Ebene der Muttergesellschaft um den Betrag der mehrfach erfassten jungen Finanzmittel zu kürzen sind. Im Ergebnis werden die jungen Finanzmittel nur einmal – nämlich auf Ebene der obersten, übertragenen Einheit – erfasst. Keine Entschärfung ist bzgl. konzerninterner Transaktionen von Verwaltungsvermögen ersichtlich. Diese führen weiterhin zu jungem Verwaltungsvermögen.

Hinweis

Daneben enthalten die Erbschaftsteuer-Hinweise 2019 umfangreiche Beispiele zur Berechnung der Ausgangslohnsumme, zur Schuldenkonsolidierung bei Sonderbetriebsvermögen und weitere Klarstellungen zur Durchführung des 90 %-Verwaltungsvermögenstests.

8.2 Zugewinngemeinschaften

Die **(fiktive) zivilrechtliche Ausgleichsforderung** bei Auflösung der Zugewinngemeinschaft wegen des Todes eines Ehegatten (oder Lebenspartners) gilt grundsätzlich nicht als Erwerb i. S. des § 3 ErbStG (§ 5 Abs. 1 Satz 1 ErbStG). Sie ermittelt sich dabei bislang unabhängig von gewährten erbschaftsteuerlichen Steuerbefreiungen und ist stets in voller Höhe abzugsfähig. Durch eine Änderung durch das Jahressteuergesetz 2020 soll künftig der Abzug nur noch im Verhältnis zwischen dem um die Steuerbefreiungen geminderten Wert des Endvermögens und dem zivilrechtlichen Endvermögen möglich sein, um eine **Doppelbegünstigung auszuschließen** (§ 5 Abs. 1 Satz 6 ErbStG-E).

Hinweis

Die Änderung soll auf Erwerbe anzuwenden sein, für die die Steuer nach dem Tag der Verkündung des Gesetzes entsteht (§ 37 Abs. 18 ErbStG-E).

8.3 Anteiliger Abzug von Schulden

Nach geltendem § 10 Abs. 6 ErbStG sind Schulden und Lasten nicht abzugsfähig, soweit sie in wirtschaftlichem Zusammenhang mit einzelnen Vermögensgegenständen stehen, die ganz oder teilweise von der Erbschaft- und Schenkungsteuer befreit sind. Um einen ungerechtfertigten steuerlichen Vorteil durch den unbegrenzten Abzug von **Schulden und Lasten** zu vermeiden, sollen diese gemäß § 10 Abs. 6 Satz 5 ErbStG-E (geplant durch Jahressteuergesetz 2020) nunmehr **anteilig allen Vermögensgegenständen** des Erwerbs **zugerechnet** werden. Der jeweilige Anteil bemisst sich dabei nach dem Verhältnis des Werts des einzelnen Vermögensgegenstands, abzüglich der ihm direkt zuzuordnenden Schulden und Lasten, zum Gesamtwert aller Vermögensgegenstände nach Abzug aller direkt zuzuordnenden Schulden und Lasten (§ 10 Abs. 6 Satz 7 ErbStG-E).

Hinweis

Hintergrund ist die BFH-Rechtsprechung aus 2015 (II R 12/14; II R 21/13), wonach bei der Verbindlichkeit aus einem geltend gemachten Pflichtteil, im Rahmen eines Zugewinnausgleichs oder bei auf Geld gerichteten Untervermächtnissen kein wirtschaftlicher Zusammenhang mit den einzelnen Vermögensgegenständen des Nachlasses gegeben ist, sodass diese Schulden und Lasten in voller Höhe abgezogen werden konnten, auch wenn zum Nachlass steuerbefreite Vermögensgegenstände gehörten. Die Finanzverwaltung sieht hierin einen ungerechtfertigten doppelten Vorteil.

Die Änderung soll auf Erwerbe anzuwenden sein, für die die Steuer nach dem Tag der Verkündung des Gesetzes entsteht (§ 37 Abs. 18 ErbStG-E).

8.4 Berücksichtigung von Steuererstattungen

Steuerschulden des Erblassers, die das Todesjahr betreffen, sind erbschaftsteuerlich als Nachlassverbindlichkeiten abzugsfähig (§ 10 Abs. 5 Nr. 1 ErbStG), wohingegen Steuererstattungsansprüche nur Berücksichtigung finden, wenn sie gemäß § 37 Abs. 2 AO bereits entstanden sind (§ 10 Abs. 1 Satz 3 ErbStG). Damit sind **Steuererstattungen für das Todesjahr** des Erblassers regelmäßig nicht zu berücksichtigen, Steuerschulden sind jedoch abzugsfähig. Aufgrund einer Änderung durch das Jahressteuergesetz 2020 sollen Steuererstattungsansprüche des Erblassers bereits zu einem steuerpflichtigen Erwerb führen, auch wenn sie steuerrechtlich noch nicht entstanden sind (§ 10 Abs. 1 Satz 3 ErbStG-E).

Hinweis

Die Änderungen des Erbschaftsteuergesetzes sind auf Erwerbe anzuwenden, für die die Steuer nach dem Tag der Verkündung des Gesetzes entsteht (§ 37 Abs. 18 ErbStG-E).

8.5 Rückwirkendes Ereignis bei Vorerwerben

Gemäß § 14 Abs. 1 ErbStG sind mehrere innerhalb von 10 Jahren von derselben Person anfallende Erwerbe bei der Erbschaft- und Schenkungsteuer des jeweils letzten Erwerbs zusammenzurechnen. Nach geltendem Recht hat eine Aufhebung oder Änderung der Steuerfestsetzung für den Vorerwerb grundsätzlich keine Wirkung auf die Steuerfestsetzung für den Nacherwerb, da diese für sich gesehen kein rückwirkendes Ereignis darstellt (BFH, Urteil v. 12.7.2017, II R 45/15, BStBl 2017 II S. 1120). Im Jahressteuergesetz 2020 soll nun eine **Änderungsmöglichkeit für die Korrektur des nachfolgenden Erwerbs** geschaffen werden, falls die Steuerfestsetzung für den Vorerwerb aufgrund eines rückwirkenden Ereignisses i.S. des § 175 Abs. 1 Satz 1 Nr. 2 AO geändert wird (§ 14 Abs. 2 Satz 1 ErbStG-E). Des Weiteren soll sichergestellt werden, dass auch der erstmalige Erlass, die Änderung und die Aufhebung einer Steuerfestsetzung für den Vorerwerb als rückwirkendes Ereignis i.S. des § 175 Abs. 1 Satz 1 Nr. 2 AO gilt. Auf diese Weise kann auch hier eine Änderung der Steuerfestsetzung des nachfolgenden Erwerbs vorgenommen werden.

8.6 Einkommensteuerschuld des Erblassers als Nachlassverbindlichkeit

Zu den erbschaftsteuerlich abzugsfähigen Nachlassverbindlichkeiten gehören grundsätzlich auch die persönlichen Einkommensteuerschulden des Erblassers. Der Abzug setzt u.a. eine wirtschaftliche Belastung im Todeszeitpunkt voraus. Für den BFH fehlt diese, wenn bei objektiver Würdigung der Verhältnisse nicht damit gerechnet werden konnte, dass der Gläubiger die Forderung geltend macht. Mit der **nachträglichen Änderung des Einkommensteuerbescheids** könne sich die Erwartung der Inanspruchnahme „ändern". Darin sieht der BFH ein rückwirkendes Ereignis i.S. des § 175 Abs. 1 Satz 1 Nr. 2 AO, das dann eine Änderung des bereits bestandskräftigen Erbschaftsteuerbescheides ermöglicht (BFH, Urteil v. 11.7.2019, II R 36/16, BStBl 2020 II S. 391).

Hinweis

Der BFH widersprach in diesem Punkt dem Finanzamt, das keine nachträgliche Berücksichtigungsmöglichkeit sah. Für den BFH lässt der Eintritt einer zunächst fehlenden wirtschaftlichen Belastung das Hindernis für den Abzug rückwirkend entfallen. Seine Wirkung für die Vergangenheit folgert der BFH aus dem **Bereicherungsprinzip**. Das gelte unabhängig davon, wann die Belastungen aufscheinen. Dieser Aspekt gelte für die Entstehung von Nachlassverbindlichkeiten ebenso wie für die Entstehung einer zunächst fehlenden wirtschaftlichen Belastung nach dem Todeszeitpunkt.

8.7 Anwendung von Liegenschaftszinssätzen

Bei der Anlasswertermittlung von Grundstücken, die im Ertragswertverfahren bewertet werden, also insbesondere Miet- und Geschäftshäuser, hat der Liegenschaftszinssatz einen erheblichen Einfluss auf den Grundbesitzwert.

Im Verfahren II R 13/16 war streitig, ob die Liegenschaftszinssätze des örtlichen Gutachterausschusses oder die gesetzlichen, subsidiären Zinssätze (vgl. § 188 Abs. 2 BewG) anzuwenden sind. Laut BFH sind die durch den Gutachterausschuss ermittelten örtlichen Liegenschaftszinssätze für die Bewertung von Grundstücken für Zwecke der Erbschaftsteuer geeignet. Voraussetzung ist, dass der Gutachterausschuss bei der Ermittlung die an ihn gerichteten Vorgaben des BauGB sowie der darauf beruhenden Verordnungen einhält. Weiterhin ist erforderlich, dass die Liegenschaftszinssätze für einen Zeitraum berechnet sind, der den Bewertungsstichtag (für Zwecke der Erbschaftsteuer, § 11 ErbStG) umfasst. Auf den Zeitpunkt der Beschlussfassung oder der Veröffentlichung der Liegenschaftszinssätze durch den Gutachterausschuss komme es für ihre zeitliche Anwendung hingegen nicht an (BFH, Urteil v. 18.9.2019, II R 13/16, BFH/NV 2020 S. 118).

Hinweis

Sind zum Zeitpunkt der Feststellung des Grundbesitzwerts für Zwecke der Erbschaftsteuer den Finanzbehörden keine geeigneten Liegenschaftszinssätze mitgeteilt worden – etwa weil die durch den Gutachterausschuss berechneten nicht den Wertermittlungsstichtag umfassen – sind laut BFH die gesetzlichen Liegenschaftszinssätze nach § 188 Abs. 2 Satz 2 Nrn. 1–4 BewG heranzuziehen.

8.8 Abzug von Schuldzinsen bei Jahreswert von Nießbrauchsrechten

Bei Grundstücksschenkungen unter Nießbrauchsvorbehalt mindert der Wert des Nießbrauchs die Bereicherung des Bedachten. Trägt der Schenker die bestehenden Zins- und Tilgungslasten, mindern laut BFH diese vom Schenker übernommenen Schuldzinsen den Jahreswert des auf dem geschenkten Grundstück lastenden Nießbrauchsrechts (BFH, Urteil v. 28.5.2019, II R 4/16, BStBl 2020 II S. 326).

Laut BFH mindert die aus einem Nießbrauch erwachsende Belastung zwar grundsätzlich die Bereicherung des Beschenkten. Bei der Ermittlung des von der Bereicherung abzuziehenden Jahreswerts des Nießbrauchs seien aber die vom Nießbraucher zu tragenden Aufwendungen mindernd zu berücksichtigen. Die vom Nießbraucher zu zahlenden Schuldzinsen mindern daher den Jahreswert des Nießbrauchsrechts. Der Bedachte sei dadurch bereichert, dass er die Zinszahlungen für die übernommenen Verbindlichkeiten nicht zu leisten hat, weil der Schenker die Zinszahlungen weiterträgt.

Hinweis

Für den BFH hat dabei die dem Schreiben des Bayerischen Staatsministeriums der Finanzen v. 10.5.2004 zugrunde liegende Rechtsauffassung, den Jahreswert des Nießbrauchs **ohne Einbeziehung von Schuldzinsen** zu ermitteln, für die Rechtslage nach Aufhebung des § 25 ErbStG zum 1.1.2009 **keinen Bestand**. Daneben beanstandete der BFH die Ermittlung der Jahreswerte der Nießbrauchsrechte unter Berücksichtigung des Durchschnittswerts der letzten drei Jahre vor der Übertragung der Grundstücke nicht.

8.9 Vermögensübergaben gegen Versorgungsleistungen

Der BFH nutzt ein aktuelles Revisionsverfahren, sich grundlegend mit der Rechtsfrage zu befassen, ob **wiederkehrende Leistungen** im Zusammenhang mit Vermögensübergaben als Entgelt qualifizieren. Im Streitfall wurde ein Grundstück gegen lebenslange monatliche Versorgungsleistungen übertragen. Die Klägerin machte die Zahlungen in vollem Umfang als **Werbungskosten bei ihren Einkünften aus Vermietung und Verpachtung** geltend. Das Finanzamt qualifizierte diese jedoch als Leibrente i.S. des § 9 Abs. 1 Satz 3 Nr. 1 Satz 2 EStG und ließ den Werbungskostenabzug daher nur in Höhe des Ertragsanteils zu. Die Vorinstanz vertrat hingegen die Auffassung, die Leibrenten stünden nicht in wirtschaftlichem Zusammenhang mit den Einkünften aus Vermietung und Verpachtung, da die Übertragung unentgeltlich erfolgt sei und versagte den Werbungskostenabzug daher komplett.

Hinweis

Der BFH hat das BMF zu einem Beitritt des Verfahrens aufgefordert. Dabei soll insbesondere geprüft werden, ob der Auffassung der Finanzverwaltung zu folgen sei, dass regelmäßig eine (Teil-)Entgeltlichkeit gegeben sei, sofern es sich nicht um begünstigtes Vermögen i.S. des § 10 Abs. 1a Nr. 2 Satz 2 EStG a.F. (wortgleich mit § 10 Abs. 1a Nr. 2 Satz 2 EStG n.F.) handele (BFH, Beschluss v. 28.4.2020, IX R 11/19). Das weitere Verfahren und ggf. auch die Reaktion des BMF gilt es daher weiter zu beobachten. Die Antwort dürfte insbesondere für die steuerliche Berücksichtigung von Aufwand in solchen Konstellationen von Bedeutung sein.

8.10 Behandlung eines verjährten Pflichtteilsanspruchs

Ist der Pflichtteilsberechtigte gleichzeitig Erbe des Pflichtteilsverpflichteten, erlischt zivilrechtlich der Anspruch auf den Pflichtteil mit dem Tod des Pflichtteilsverpflichteten (Konfusion durch Vereinigung von Recht und Verbindlichkeit). Im Erbschaftsteuerrecht gelten solche aufgrund von Konfusion erloschenen Rechtsverhältnisse allerdings nicht als erloschen (Fiktion des § 10 Abs. 3 ErbStG). Damit kann der Pflichtteilsanspruch grundsätzlich auch noch „fiktiv" geltend gemacht werden („gegen sich selbst"). Gibt der Pflichtteilsberechtigte daher gegenüber dem zuständigen Finanzamt eine entsprechende Erklärung ab, sind sowohl hinsichtlich der Besteuerung des Erwerbs des Pflichtteils (§ 3 Abs. 1 Nr. 1 Alt. 3 ErbStG) als auch hinsichtlich des Abzugs der Pflichtteilsschuld als Nachlassverbindlichkeit die sich unter Berücksichtigung der jeweils maßgebenden Freibeträge ergebenden erbschaftsteuerlichen Folgerungen zu ziehen. Die Fiktion des § 10 Abs. 3 ErbStG umfasst laut BFH jedoch nicht den bereits zivilrechtlich verjährten und durch Konfusion erloschenen Pflichtteilsanspruch (BFH, Urteil v. 5.2.2020, II R 1/16, BStBl 2020 II S. 581).

Hinweis

Im konkreten Fall war der Pflichtteilsanspruch bereits verjährt. Er konnte daher auch nicht als Nachlassverbindlichkeit abgezogen werden. Die Frage der Verjährung sollte daher bei der Prüfung der Geltendmachung eines Pflichtteilsanspruchs entsprechend mitberücksichtigt werden.

8.11 Freibeträge für beschränkt Erbschaftsteuerpflichtige

Die auf beschränkt erbschaftsteuerliche Erwerbe (weder Erblasser noch Erbe sind in Deutschland ansässig, aber in Deutschland belegenes Vermögen ist betroffen) anzuwendenden persönlichen Freibeträge nach § 16 Abs. 2 ErbStG wurden in Reaktion auf die EuGH-Rechtsprechung in 2017 (für Erwerbe, bei denen die Steuer nach dem 24.6.2017 entsteht) angepasst. Danach erhalten beschränkt Steuerpflichtige zwar grundsätzlich die für unbeschränkt Steuerpflichtige normierten Freibeträge des § 16 ErbStG ohne spezielles Antragserfordernis. Allerdings sind die zu gewährenden **Freibeträge** in dem Verhältnis **zu kürzen**, in dem der Wert des in Deutschland steuerpflichtigen Erwerbs zum Gesamterwerb steht, wobei eine Gesamtbetrachtung über zehn Jahre vorzunehmen ist.

Das FG Düsseldorf äußerte an der im Gegensatz zu unbeschränkt steuerpflichtigen Erwerben durch Inländer vorzunehmenden Minderung des Freibetrags unionsrechtliche Zweifel und legte dem EuGH die Frage zur Prüfung vor (FG Düsseldorf, Beschluss v. 20.7.2020, 4 K 1095/20 Erb).

Hinweis

Das FG Düsseldorf hat auch Zweifel, ob die Norm des § 10 Abs. 6 Satz 2 ErbStG unionsrechtskonform ist. Nach dieser Norm sind in den Fällen der beschränkten Steuerpflicht (Beschränkung der Besteuerung auf einzelne Vermögensgegenstände) nur die damit **in wirtschaftlichem Zusammenhang** stehenden Schulden und Lasten abzugsfähig. **Nicht** berücksichtigungsfähig wären danach laut FG die im konkreten Fall zu erfüllenden **Verbindlichkeiten aus Pflichtteilen** durch die nicht in Deutschland wohnhafte pflichtteilsverpflichtete Erbin. Betroffene Steuerpflichtige sollten daher ihre Veranlagungen offenhalten, um ggf. von einer positiven Entscheidung des EuGH profitieren zu können.

8.12 Nachweis eines niedrigeren gemeinen Werts

Der Steuerpflichtige hat die Möglichkeit, einen niedrigeren gemeinen Wert des Grundvermögens nachzuweisen, als sich nach den bewertungsrechtlichen Verfahren (§§ 179, 182 bis 196 BewG) ergibt (§ 198 BewG). Nach Auffassung des BFH aus dem Jahr 2013 muss der Sachverständige zwingend öffentlich bestellt und vereidigt worden sein (BFH, Urteil v. 11.9.2013, II R 61/11). Unter Berufung auf die **Funktion der Nachweislast** behält der BFH seine Rechtsauffassung jedoch bei (BFH, Urteil v. 5.12.2019, II R 9/18. BFH/NV 2020 S. 949). Nur das **Gutachten eines öffentlich bestellten und vereidigten Sachverständigen** i. S. der §§ 36, 36a GewO biete eine erhöhte Wahrscheinlichkeit dafür, dass weitere Beweiserhebungen entbehrlich seien.

Hinweis

Der BFH bleibt damit bei seiner von der Finanzverwaltung abweichenden Auffassung. Die Finanzverwaltung hatte auf das Urteil aus 2013 mit einem Nichtanwendungserlass reagiert (gleich lautende Erlasse der obersten Finanzbehörden der Länder v. 19.2.2014). Laut Ländererlass könne schon aus verfassungs- und europarechtlichen Gründen ein inhaltlich mängelfreies Gutachten eines nach DIN EN ISO/IEC 17024 zertifizierten Sachverständigen die Nachweisanforderungen erfüllen.

9 Gemeinnützigkeit/öffentliche Hand

9.1 Interne Darlehen zwischen Trägerkörperschaft und BgA

Steuerlich sind grundsätzlich auch interne Vereinbarungen zwischen der Trägerkörperschaft und ihrem Betreib gewerblicher Art (BgA) zu beachten. Eine Ausnahme macht der BFH bisher aber für interne Vereinbarungen, aufgrund derer eine Trägerkörperschaft ihren BgA mit Miet- oder Pachtzinsen für Wirtschaftsgüter belastet, die der Trägerkörperschaft gehören und wesentliche Betriebsgrundlagen des BgA darstellen. Hinsichtlich der Miet- bzw. Pachtzinsen ist daher eine verdeckte Gewinnausschüttung (vGA) anzunehmen. Dies überträgt der BFH nun auch auf interne Darlehen, die zur Finanzierung der aus Eigenmitteln der Trägerkörperschaft bestrittenen Anschaffungs- oder Herstellungskosten wesentlicher Betriebsgrundlagen des BgA vereinbart wurden (BFH, Urteil v. 10.12.2019, I R 24/17, BFH/NV 2020 S. 1023).

9.2 Verlängerung des Optionszeitraums für § 2b UStG

Nach dem durch das Steueränderungsgesetz 2015 eingeführten § 2b UStG sind Tätigkeiten der öffentlichen Hand grundsätzlich nicht umsatzsteuerbar, wenn die Leistungen im Rahmen der öffentlichen Gewalt erbracht werden und es nicht zu größeren Wettbewerbsverzerrungen kommt. Kommunen konnten jedoch optieren, die Altregelung des bisherigen § 2 Abs. 3 UStG bis zum 31.12.2020 weiter anzuwenden.

Mit dem Corona-Steuerhilfegesetz v. 19.6.2020 (BGBl 2020 I S. 1385) wurde der Optionszeitraum nun bis zum 31.12.2022 verlängert (§ 27 Abs. 22a UStG).

Hinweis

Gegenüber dem Finanzamt bedarf es keiner erneuten Erklärung der juristischen Person des Öffentlichen Rechts, sofern die bisherige Erklärung nicht für Zeiträume, die vor dem 1.1.2021 enden, widerrufen wurde. Für den Verlängerungszeitraum besteht eine ergänzende Widerrufsmöglichkeit mit Wirkung zum Beginn des auf die Abgabe folgenden Kalenderjahres, die nicht auf einzelne Tätigkeitsbereiche oder Leistungen beschränkbar ist (§ 27 Abs. 22a UStG).

Mit Schreiben v. 9.7.2020 (BStBl 2020 I S. 643) äußert sich das BMF zu weiteren Anwendungsfragen zu § 2b UStG und erweitert insoweit seinen UStAE um 6 verschiedene Einzelfälle in Abschn. 2b.1 Abs. 4–9. Dabei wird u.a. klargestellt, dass nicht bereits die große Anzahl von ausgeführten hoheitlichen Hilfsgeschäften zur umsatzsteuerlichen Unternehmereigenschaft führt (Abschn. 2b.1 Abs. 9 UStAE n.F.).

9.3 Behandlung der Konzessionsabgabe bei der Umsatzsteuer

Laut der BFH-Rechtsprechung erbringen juristische Personen des öffentlichen Rechts (jPöR) umsatzsteuerbare Leistungen, wenn sie aufgrund eines privatrechtlichen Vertrags und in zivilrechtlicher Handlungsform tätig werden. Darauf reagierte nun das BMF mit Schreiben v. 5.8.2020 (BStBl 2020 I S. 669). Danach stellt die Konzessionsabgabe an Gemeinden bei diesen spätestens ab dem 1.1.2023 ein umsatzsteuerbares Entgelt dar. Bei im Rahmen eines Konzessionsvertrags erfolgenden Einräumung eines Nutzungsrechts an das Versorgungsunternehmen kann eine Steuerbefreiung nach § 4 Nr. 12 Satz 1 Buchst. a oder c UStG in Betracht kommen.

Hinweis

Laut BMF ändert an der Frage der Steuerbarkeit auch § 46 EnWG nichts, nach dem die Gemeinden die öffentlichen Verkehrswege durch Nutzungsrechte für Energieversorger zugänglich machen müssen. Für die Beurteilung komme es darauf an, wie die Gemeinde gegenüber den Vertragspartnern auftritt. Die Unternehmereigenschaft wird nicht durch § 2b UStG eingeschränkt.

Laut BMF-Schreiben wird wohl im Ergebnis die Steuerbefreiung regelmäßig nicht zur Anwendung kommen, da der Konzessionsnehmer hinsichtlich des Grundstücks keine eigentümerähnlichen Rechte eingeräumt bekommt, die Unbefugte von der Nutzung ausschließen (Abschn. 4.12.1 Abs. 1 UStAE). Für die Entscheidung der Frage, ob die in den bisherigen Konzessionsverträgen vereinbarten Konzessionsabgaben als Netto-Beträge (ohne Umsatzsteuer) anzusehen sind, sei allein das Zivilrecht maßgeblich. Mit dem BMF-Schreiben wird Abschn. 2b.1 Abs. 10 in den UStAE eingefügt.

9.4 Unangemessene Geschäftsführervergütung

Unverhältnismäßig hohe Geschäftsführervergütungen können als sog. **Mittelfehlverwendung** zur **Aberkennung der Gemeinnützigkeit** einer Körperschaft führen. Ob eine unverhältnismäßig hohe Vergütung vorliegt, ist nach dem Fremdvergleichsgrundsatz zu beurteilen. Laut BFH sind hierfür die Grundsätze zur Bewertung von verdeckten Gewinnausschüttungen entsprechend zu berücksichtigen (BFH, Urteil v. 12.3.2020, V R 5/17, BFH/NV 2020 S. 1117).

Für die Prüfung der Angemessenheit von Geschäftsführergehältern sind laut BFH bei gemeinnützigen Organisationen keine besonderen Maßstäbe anzulegen. Hier widerspricht der BFH der Finanzverwaltung, nach deren Auffassung der Zweck der Gemeinnützigkeit es gebietet, die in gemeinnützigen Organisationen gezahlten Gehälter ausschließlich mit den Gehältern anderer steuerbefreiter Organisationen zu vergleichen. Für den BFH liegt jedoch grundsätzlich keine Unangemessenheit vor, wenn die Vergütung der eines Geschäftsführers eines nicht steuerbegünstigten Unternehmens entspricht. Daher könnten allgemeine Gehaltsstrukturuntersuchungen für Geschäftsführer von Wirtschaftsunternehmen herangezogen werden, ohne Abschläge vorzunehmen.

Hinweis

Dabei ist laut BFH eine gewisse **Bandbreite** zuzugestehen. Eine lediglich geringfügige Überschreitung dieser Bandbreite führe noch nicht zur Aberkennung der Gemeinnützigkeit. Vielmehr müsse – in Anlehnung an die Voraussetzungen einer verdeckten Gewinnausschüttung – ein „krasses Missverhältnis“ vorliegen. Ein solches sei anzunehmen, wenn die Vergütung den oberen Rand der Bandbreite um mehr als 20 % übersteigt. Die Ausführungen des BFH dürften auch für andere Geschäftsführerbeziehungen mit gemeinnützigen Körperschaften (z. B. Miet-, Pacht- und Darlehensverträge) von Bedeutung sein.

9.5 Reform des Gemeinnützigkeitsrechts

Im Rahmen des Gesetzgebungsverfahrens zum Jahressteuergesetz 2020 wurden noch umfangreiche Änderungen im Gemeinnützigkeitsrecht aufgenommen. Wesentliche davon betroffene Regelungen sind:

9.5.1 Unmittelbarkeitsgrundsatz gemäß § 57 AO

Nach einem Grundsatz des Gemeinnützigkeitsrechts muss die Körperschaft ihre steuerbegünstigten Zwecke unmittelbar verfolgen. Dies kann u.a. Probleme aufwerfen, wenn zur Erfüllung des steuerbegünstigten Zwecks mehrere Körperschaften zusammenwirken.

Gemäß § 57 Abs. 3 AO-E soll eine Körperschaft ihre steuerbegünstigten Zwecke auch dann unmittelbar verfolgen, wenn sie satzungsgemäß durch **planmäßiges Zusammenwirken** mit mindestens einer weiteren (steuerbegünstigten) Körperschaft einen steuerbegünstigten Zweck verwirklicht. Dabei sind für die Beurteilung des Vorliegens eines Zweckbetriebs die aufgrund des planmäßigen Zusammenwirkens ausgeübten Tätigkeiten der beteiligten Körperschaften in ihrer Gesamtheit zu werten.

Hinweis
§ 57 Abs. 4 AO-E weitet den Unmittelbarkeitsgrundsatz auf Holdinggesellschaften aus.

9.5.2 Vereinheitlichung der zulässigen Mittelweitergabe gemäß § 58 AO

Die in § 58 Nrn. 1 und 2 AO enthaltenen Regelungen, unter denen eine steuerbegünstigte Körperschaft steuerlich unschädlich ihre Mittel weitergeben kann, sollen in einem einheitlichen Tatbestand zusammengefasst werden. Dieser beinhaltet dann sowohl die klassische Mittelbeschaffungstätigkeit als auch die Weitergabe sonstiger Mittel an andere Körperschaften.

Gemäß § 58 Nr. 1 AO-E soll die Steuervergünstigung nicht dadurch ausgeschlossen sein, dass eine Körperschaft einer anderen Körperschaft oder einer juristischen Person des öffentlichen Rechts Mittel für die Verwirklichung steuerbegünstigter Zwecke zuwendet. Die Zuwendung von Mitteln an eine beschränkt oder unbeschränkt steuerpflichtige Körperschaft des privaten Rechts setzt dabei voraus, dass diese selbst steuerbegünstigt ist (§ 58 Nr. 1 Satz 3 AO-E). Zudem ist die Mittelweitergabe als Art der Zweckverwirklichung in der Satzung zu benennen, wenn die Körperschaft beabsichtigt, als einzige Art der Zweckverwirklichung, Mittel anderen Körperschaften oder juristischen Personen des öffentlichen Rechts zuzuwenden (§ 58 Nr. 1 Satz 4 AO-E). In einem neuen § 58a AO-E werden die Voraussetzungen normiert, unter denen die zuwendende Körperschaft auf die Steuerbegünstigung der Empfängerkörperschaft vertrauen darf.

Hinweis
Die Änderungen sollen grundsätzlich am Tag nach der Verkündung des Jahressteuergesetzes 2020 in Kraft treten.

9.5.3 Weitere Änderungen im Gemeinnützigkeitsrecht im Überblick (u.a.)

- Der Katalog des § 52 Abs. 2 Satz 1 AO wird um diverse gemeinnützige Zwecke ergänzt.
- Die in § 68 AO aufgelisteten **Zweckbetriebe** werden erweitert durch bspw. die Einrichtungen zur Versorgung, Verpflegung und Betreuung von Flüchtlingen (§ 68 Nr. 1 Buchst. c AO-E).

Hinweis
Bereits nach aktueller Gesetzeslage sind solche Leistungen regelmäßig Leistungen im Rahmen eines Zweckbetriebs Wohlfahrtspflege. Allerdings muss dabei immer geprüft werden, ob die Leistungen in besonderem Maße den in § 53 AO genannten Personen dienen. Diese Prüfung entfällt durch die Einordnung in den Zweckbetriebskatalog.

- **Abschaffung** des **Gebots der zeitnahen Mittelverwendung** i.S. des § 55 Abs. 1 Nr. 5 AO für **kleine Körperschaften** mit Einnahmen von höchstens 45.000 EUR pro Jahr (§ 55 Abs. 1 Nr. 5 Satz 4 AO-E).
- Anhebung der **Einnahmenbagatellgrenze** des § 64 Abs. 3 AO von derzeit 35.000 EUR p.a. auf 45.000 EUR p.a.
- **Erhöhung des Übungsleiterfreibetrags** nach § 3 Nr. 26 Satz 1 EStG von 2.400 EUR auf 3.000 EUR sowie des **Ehrenamtsfreibetrags** nach § 3 Nr. 26a Satz 1 EStG von 720 EUR auf 840 EUR
- Anhebung der Grenze für den **vereinfachten Zuwendungsnachweis** von 200 EUR auf 300 EUR (§ 50 Abs. 4 Satz 1 Nr. 2 EStDV-E).
- Einführung eines **Zuwendungsempfängerregisters** (§ 60b AO-E).

Steuerausblick

1 Das betrifft alle Steuerpflichtigen

1.1 Entlastungen für Familien und Menschen mit Behinderung

Mit dem Zweiten Familienentlastungsgesetz (2. FamEntlastG) und dem Behinderten-Pauschbetragsgesetz werden neue Regelungen zur steuerlichen Entlastung für Einkommensteuerpflichtige, Familien und Menschen mit Behinderung umgesetzt.

Das 2. FamEntlastG enthält für Familien u.a. ab Januar 2021 eine Erhöhung des **Kindergelds** um 15 EUR für jedes Kind (§ 66 EStG) sowie des **Kinderfreibetrags** und des **Betreuungsfreibetrags** um jeweils 144 EUR auf 2.730 EUR bzw. 1.464 EUR (§ 32 Abs. 6 Satz 1 EStG). Zudem wird in zwei Schritten ab 2021 und 2022 der Grundfreibetrag an das Existenzminimum und der weitere Tarifverlauf der Einkommensteuer an die Inflation (kalte Progression) angepasst. Der **Grundfreibetrag** wird ab dem VZ 2021 um 336 EUR (3,57 %) auf 9.744 EUR und ab dem VZ 2022 um weitere 240 EUR (weitere 2,46 %) auf 9.984 EUR erhöht (§ 32a Abs. 1 EStG). Analog verschieben sich die **Eckwerte des Einkommensteuertarifs** im VZ 2021 um 1,52 % und im VZ 2022 um weitere 1,17 %. Damit beginnt der **Spitzensteuersatz** von 42 % im Jahr 2021 (2022) ab einem zu versteuernden **Jahreseinkommen von 57.919 EUR** (58.597 EUR).

> **Hinweis**
>
> Ebenfalls durch das 2. FamEntlastG wird der **Höchstbetrag** für den Abzug von **Unterhaltsleistungen** gemäß § 33a Abs. 1 Satz 1 EStG entsprechend der Erhöhung des Grundfreibetrags angepasst, und zwar von 9.408 EUR auf 9.744 EUR im VZ 2021 und auf 9.984 EUR im VZ 2022.

Im Behinderten-Pauschbetragsgesetz werden die **Behinderten-Pauschbeträge** ab dem VZ 2021 **verdoppelt** und ein behinderungsbedingter **Fahrtkosten-Pauschbetrag** eingeführt. Zudem enthält das neue Gesetz einen erweiterten, vom Pflegegrad der gepflegten Person abhängigen **Pflege-Pauschbetrag** für Steuerpflichtige, die eine bedürftige Person pflegen. Für den höchsten Pflegegrad wird unter bestimmten Voraussetzungen nun beispielsweise eine Pauschale von 1.800 EUR gewährt.

Folgende Tabelle gibt einen Überblick über die Neuerungen in den Pauschbeträgen:

Behinderten-Pauschbeträge (§33b Abs. 3 EStG)			Erstmalig ab VZ 2021:
Bislang		VZ 2021	Gewährung ab Grad der Behinderung von 20
Alle Pflegegrade	+100%	Alle Pflegegrade	

Behinderungsbed. Fahrtkostenpauschale (§33 Abs. 2a EStG)		Neue Pauschalregelung für behinderungsbedingt entstandene Fahrtkosten
Beh.-Grad 80 bzw. 70 + „G“	900 Euro	
„aG“, „Bl“, „TBl“ oder „H“	4.500 Euro	

Pflegepauschbetrag (§33b Abs. 6 EStG)		**Für:** Pflegende Steuerpflichtige, die für ihre Leistung keine Einnahmen erhalten, bei Pflege in Wohnung des Pflegenden oder des Pflegebedürftigen
Pflegegrad 2	600 Euro	
Pflegegrad 3	1.100 Euro	
Pflegegrad 4 oder 5	1.800 Euro	

Hinweis

Das Kindergeld im VZ 2021 beträgt damit für das erste und zweite Kind jeweils 219 EUR, für das dritte Kind 225 EUR, für das vierte und jedes weitere Kind jeweils 250 EUR pro Monat.

Beiden Gesetzen hat der Bundesrat am 27.11.2020 zugestimmt. Das 2. FamEntlG v. 1.12.2020 wurde bereits im BGBl 2020 I S. 2616 verkündet, das Behinderten-Pauschbetragsgesetz bereits im BGBl 2020 I S. 2770.

1.2 Teilabschaffung des Solidaritätszuschlags

Wie im Koalitionsvertrag vereinbart, wird durch das Gesetz zur Rückführung des Solidaritätszuschlags 1995 (BGBl 2019 I S. 2115) der Solidaritätszuschlag ab 1.1.2021 teilweise abgeschafft. Dazu hebt der Gesetzgeber im ersten Schritt die Freigrenzen (bezogen auf die tarifliche Einkommensteuer) an.

Nach geltendem Recht wird der Zuschlag nur erhoben, wenn die tarifliche Einkommensteuer bei Einzelveranlagung den Betrag von 972 EUR bzw. bei Zusammenveranlagung den Betrag von 1.944 EUR übersteigt (§ 3 SolzG 1995).

Ab 2021 steigt diese Freigrenze in der **Einzelveranlagung** auf **16.956 EUR** (§ 3 Abs. 3 Satz 1 Nr. 1 SolZG) und im Fall der **Zusammenveranlagung** auf **33.912 EUR** (§ 3 Abs. 3 Satz 1 Nr. 2 SolZG). Analog werden die Freigrenzen im Lohnsteuerabzug in § 3 Abs. 4 und 4a SolZG angehoben bzw. für sonstige Bezüge neu eingeführt.

Beim Solidaritätszuschlag auf **Kapitalerträge** gibt es dagegen keine Änderungen – hier bleibt die Abgabe in voller Höhe erhalten. Nur in Fällen, in denen die Günstigerprüfung nach § 32d Abs. 6 EStG angewendet wird und die Kapitalerträge dem persönlichen Einkommensteuersatz unterliegen, kommen auch bei Kapitalerträgen die höheren Freigrenzen zur Anwendung.

Der **Zuschlagssatz** bleibt grundsätzlich **unverändert** bei **5,5 %** (auf die tarifliche Einkommensteuer). In der sog. **Milderungszone**, die oberhalb der Freigrenzen einsetzt, wird die Belastung mit Solidaritätszuschlag durch einen höheren Steuersatz an die Normalbelastung heranführt. Dieser erhöhte Satz beträgt derzeit 20 % und sinkt künftig auf 11,9 % (§ 4 Satz 1 SolZG). Für Einkommensbezieher oberhalb der Milderungszone kommt es zu keinerlei Entlastung. Ebenso bleibt es für die Körperschaftsteuer wie bisher beim Solidaritätszuschlag i. H. v. 5,5 % ohne Anwendung einer Freigrenze.

Die Gesetzesanpassungen greifen erstmals für den Veranlagungszeitraum 2021 bzw. für in 2021 bezogene und zufließende Bezüge. Die geschätzte jährliche Entlastung im Vergleich zum geltenden Recht beläuft sich im Jahr 2021 auf 9,8 Mrd. EUR und steigt bis 2024 auf 12,1 Mrd. EUR an.

Hinweis

Durch die Teilabschaffung des Solidaritätszuschlags werden ca. 90 % der Zahler von Lohnsteuer und veranlagter Einkommensteuer vollständig entlastet. Für weitere 6,5 % entfällt der Zuschlag zumindest in Teilen. Zu Zweifeln an der Verfassungsmäßigkeit der teilweisen Beibehaltung des Solidaritätszuschlags über 2020 hinaus vgl. Kapitel Rückblick Tz. 1.7.

1.3 Grundsteuerreform

Mit der 2019 beschlossenen Reform der Grundsteuer wurden die Bewertungsregeln grundlegend neu gefasst. Hintergrund war die Entscheidung des Bundesverfassungsgerichts v. 10.4.2018, in der das Gericht die seit 1935 (Ost) bzw. 1964 (West) nicht mehr aktualisierten Einheitswerte als verfassungswidrig erklärt hatte. Das Gericht hatte dem Gesetzgeber aufgegeben, bis zum 31.12.2019 eine Neuregelung zu treffen (BVerfG, Urteil v. 10.4.2018, 1 BvL 11/14, 1 BvL 12/14, 1 BvL 1/15, 1 BvR 639/11, 1 BvR 889/12, BFH/NV 2018 S. 703).

Mit der im Zuge der Reform eingeführten **Öffnungsklausel** (Art. 72 Abs. 3 Satz 1 Nr. 7 GG) können die Bundesländer teilweise oder vollständig von den Grundsteuerwerten abweichen und eigene Bewertungsvorschriften erlassen. Zahlreiche, wenn nicht gar alle Bundesländer werden voraussichtlich auf die eine oder andere Weise von der Öffnungsklausel Gebrauch machen. Aus den ersten, Ende 2020 vorliegenden Gesetzentwürfen lässt sich ablesen, dass dabei sehr individuelle Lösungen – Kritiker werden von einem föderalen Flickenteppich sprechen – möglich sind.

So wird **Sachsen** mit einem minimalinvasiven Ansatz voraussichtlich einzig die Steuermesszahlen anpassen (Sächsisches Grundsteuermesszahlengesetz). **Hamburg** hat erklärt, ein Wohnlagemodell zu entwickeln, in dem das ursprünglich von den Südländern vorgeschlagene Äquivalenzziffermodell um einen Wohnlagefaktor erweitert wird. Die Bewertung würde in diesem Modell mit einem festen Wertansatz von z.B. 0,02 EUR pro Quadratmeter Grundstücksfläche und von 0,4 EUR pro Quadratmeter Gebäudefläche erfolgen. Mit einem Wohnlagefaktor könnte zwischen guten und normalen Wohngegenden differenziert werden. Auch **Niedersachsen** hat mehrfach angekündigt, ein vergleichbares Modell zu wählen.

Als Vorreiter hat sich **Baden-Württemberg** erwiesen. Das dortige Landesgrundsteuergesetz stellt das erste eigenständige und vollumfängliche Steuergesetz des Landes dar und überführt Teile des bundesweiten Grundsteuergesetzes sowie des Bewertungsgesetzes teils modifiziert in Landesrecht. Das sog. modifizierte Bodenwertmodell sieht vor, die Grundsteuer B nur auf Basis der Grundstücksfläche und der Bodenrichtwerte zu bestimmen. Über Differenzierungen der Steuermesszahl sind für überwiegend zu Wohnzwecken genutzte Grundstücke verschiedene Ermäßigungen möglich. Die Bemessungsgrundlage für die Grundsteuer A für land- und forstwirtschaftliches Vermögen wird nach einem Ertragswertverfahren ermittelt. **Bayern** legte Anfang Dezember 2020 einen Entwurf für ein eigenes Landesgrundsteuergesetz vor, das ein Flächenmodell beinhaltet, das auf dem Äquivalenzprinzip basiert.

Hinweis

Es ist davon auszugehen, dass zumindest diejenigen Länder, die eigene Bewertungsregelungen beabsichtigen, diese im Jahresverlauf 2021 beschließen, um rechtzeitig mit der Vorbereitung der ersten Hauptfeststellung nach neuem Recht beginnen zu können.

1.4 Änderungen im Kraftfahrzeugsteuergesetz

Zur Förderung des Umstiegs auf Elektroautos sieht das Siebte Gesetz zur Änderung des Kraftfahrzeugsteuergesetzes v. 16.10.2020 (7. KraftStÄndG, BGBl 2020 I S. 2184) eine Verlängerung der zehnjährigen **Kraftfahrzeugsteuerbefreiung** für bis Ende 2025 erstzugelassene **reine Elektrofahrzeuge** vor. Die Steuerbefreiung gilt jedoch längstens bis 31.12.2030.

Gleichzeitig soll das **Fahren emissionsintensiverer Fahrzeuge** teurer werden. Für Neuzulassungen soll die Bemessung der Kraftfahrzeugsteuer zum 1.1.2021 hauptsächlich auf die CO2-Emissionen pro Kilometer bezogen werden und dafür oberhalb von 95 g CO2/km der Tarif in sechs Stufen progressiv mit Steuersätzen von 2-4 EUR je g/km bezogen auf die verkehrsrechtlichen C02-Prüfwerte angehoben werden. Darüber hinaus wird für Pkw mit einem Ausstoß bis 95 g CO2/km, die zwischen dem 12.6.2020 und dem 31.12.2024 erstmals zugelassen werden, für fünf Jahre (längstens bis 31.12.2025) eine Steuervergünstigung von 30 EUR pro Jahr gewährt.

Hinweis

Laut Gesetzesbegründung soll mit den neuen Regelungen ein stärkerer Anreiz beim Neuwagenkauf hin zu verbrauchsärmeren Antrieben mit niedrigem CO2-Emissionspotenzial ausgehen.

1.5 Erhöhung der Wohnungsbauprämie

Ab dem Sparjahr 2021 sind aufgrund der Änderungen durch das sog. Jahressteuergesetz 2019 v. 12.12.2019 (BGBl 2019 I S. 2451) deutlich höhere Einkommens- und Fördergrenzen sowie ein höherer Fördersatz im Wohnungsbau-Prämiengesetz anzuwenden. Die **Einkommensgrenze** steigt von 25.600 EUR (Alleinstehende) bzw. 51.200 EUR (Verheiratete) auf **35.000 EUR** bzw. 70.000 EUR (§ 2a Satz 1 WoPG). Für die Einkommensgrenze ist dies die erste Erhöhung seit 1996. Der **Prämiensatz** steigt von 8,8 % auf 10 % der prämienbegünstigten Aufwendungen (§ 3 Abs. 1 Satz 2 WoPG). Damit wird die im Jahr 2004 erfolgte Senkung auf 8,8 % rückgängig gemacht. Zuletzt werden auch die **Förderhöchstgrenzen** von 512 EUR (Alleinstehende) bzw. 1.024 EUR (Verheiratete) auf **700 EUR** bzw. 1.400 EUR angehoben (§ 3 Abs. 2 Satz 1 WoPG).

Hinweis

Als weitere Änderung des Wohnungsbauprämiengesetzes wird die Prämienberechtigung auf alle nach § 1 Abs. 3 EStG unbeschränkt Einkommensteuerpflichtigen ausgedehnt. Zudem kann die Wohnungsbauprämie nunmehr auch zum Wohnungsbau in einem EU-Mitgliedstaat eingesetzt werden.

1.6 Sonderausgaben bei lebenslangen und wiederkehrenden Versorgungsleistungen

Nach § 10 Abs. 1a Nr. 2 EStG können bestimmte lebenslange und wiederkehrende Versorgungsleistungen als Sonderausgaben geltend gemacht werden. Voraussetzung ist insbesondere, dass der Empfänger unbeschränkt einkommensteuerpflichtig ist und die Versorgungsleistung mit einer der abschließend in § 10 Abs. 1a Nr. 2 EStG aufgezählten Vermögensübertragungen im Zusammenhang steht. Die Zahlungen sind vom Empfänger als sonstige Einkünfte zu versteuern (**Korrespondenzprinzip**). Zur Verbesserung der Bearbeitung und Gewährleistung des Korrespondenzprinzips sieht das Jahressteuergesetz 2020 im neuen § 10 Abs. 1a Nr. 2 Satz 4 EStG-E die **Angabe der Identifikationsnummer** des Empfängers als materiellrechtliche Voraussetzung für den Sonderausgabenabzug beim Leistenden vor.

Hinweis

Die Regelung soll am 1.1.2021 in Kraft treten (Art. 34 Abs. 3 des Änderungsgesetzes) und wäre entsprechend über die allgemeine Anwendungsregelung des § 52 Abs. 1 EStG in der zu diesem Zeitpunkt geltenden Fassung erstmals für den VZ 2021 bzw. auf nach dem 31.12.2020 endende Lohnzahlungszeiträume anwendbar.

1.7 Beiträge an berufsständische Versorgungseinrichtungen

Mit Urteil vom 6.12.2018 (C-480/17, „Montag") hat der EuGH entschieden, dass die Abzugsbeschränkung für die Pflichtbeiträge eines beschränkt Steuerpflichtigen zum Versorgungswerk der Rechtsanwälte im Widerspruch zur unionsrechtlich verbürgten **Niederlassungsfreiheit** steht und damit unionsrechtswidrig ist. Mit BMF-Schreiben v. 26.6.2019 (BStBl 2019 I S. 624) wurde seitens der Verwaltung sichergestellt, dass der Abzug von Sonderausgaben entsprechend dem Urteil erfolgt. Nunmehr soll im Rahmen des Jahressteuergesetzes 2020 mit dem neuen § 50 Abs. 1a EStG-E die EuGH-Entscheidung auch gesetzlich umgesetzt werden. Pflichtbeiträge an berufsständische Versorgungseinrichtungen i.S. des § 10 Abs. 1 Nr. 2 Buchst. a EStG sind danach auch bei beschränkt Steuerpflichtigen als Sonderausgaben zu berücksichtigen, wenn die übrigen Voraussetzungen erfüllt werden. Dies gilt nur für **Staatsangehörige eines Mitgliedstaates der EU/des EWR** oder der Schweiz. Erforderlich ist zudem auch, dass die Beiträge mit Einkünften aus Gewerbebetrieb oder aus selbstständiger Arbeit (§ 49 Abs. 1 Nr. 2 bzw. 3 EStG) in **unmittelbarem wirtschaftlichen Zusammenhang** stehen. Weiterhin ist der Abzug ausgeschlossen, soweit der Staat, in dem der Steuerpflichtige einen Wohnsitz oder gewöhnlichen Aufenthalt hat, diese Beiträge ebenfalls berücksichtigt.

Hinweis
Die Neuregelung soll erstmals auf Beiträge an berufsständische Versorgungseinrichtungen anzuwenden sein, die nach dem 31.12.2020 geleistet werden (§ 52 Abs. 46 Satz 2 EStG-E).

2 Änderungen für Unternehmen

2.1 Buchführung im EU-Ausland und Drittland

Elektronische Bücher und sonstige erforderliche elektronische Aufzeichnungen können grundsätzlich auch im EU-Ausland und im Drittland geführt und aufbewahrt werden. Voraussetzung hierfür ist jedoch u.a. ein Antrag. Durch eine Neuregelung im Jahressteuergesetz 2020 soll die **Verlagerung** der Buchführung **ins EU-Ausland** zukünftig **ohne Antrag** erfolgen können, sofern der uneingeschränkte Datenzugriff möglich ist (§ 146 Abs. 2a AO-E).

Hinweis

Für die Buchführung im Drittland bleibt es beim (schriftlichen oder elektronischen) Antragsverfahren und den weiteren bisherigen Voraussetzungen (§ 146 Abs. 2b AO-E).

2.2 Sonderregelung für nachträglich beantragte Investitionsabzugsbeträge

Die Neuregelung des § 7g Abs. 2 Satz 2 EStG-E im Jahressteuergesetz 2020 soll die Verwendung von Investitionsabzugsbeträgen für Investitionen verhindern, die zum Zeitpunkt der Geltendmachung bereits angeschafft oder hergestellt wurden. Ausschließlicher Sinn und Zweck des § 7g EStG soll es sein, die Finanzierung von künftigen Investitionen zu erleichtern. Nach § 7g Abs. 2 Satz 2 EStG-E soll bei **nachträglicher Inanspruchnahme** von Investitionsabzugsbeträgen (d.h. nach Eintritt der Unanfechtbarkeit der erstmaligen Steuerfestsetzung oder der erstmaligen gesonderten Feststellung z.B. im Rahmen eines Änderungsantrages nach § 164 Abs. 2 Satz 2 AO) eine Verwendung für bereits angeschaffte oder hergestellte Wirtschaftsgüter unmöglich sein.

§ 7g Abs. 2 Satz 2 EStG-E ist erstmals für Investitionsabzugsbeträge anzuwenden, die in nach dem 31.12.2020 endenden Wirtschaftsjahren in Anspruch genommen werden (§ 52 Abs. 16 Satz 2 EStG-E).

Hinweis

Die Neuregelung betrifft ausschließlich nachträglich beantragte Investitionsabzugsbeträge. Dadurch soll sichergestellt bleiben, dass bis zum Ende der einmonatigen Einspruchsfrist der erstmaligen Steuerfestsetzung (§ 355 Abs. 1 Satz 1 AO) geltend gemachte Abzugsbeträge weiterhin für begünstigte Wirtschaftsgüter unabhängig von deren Investitionszeitpunkt verwendet werden können.

2.3 Verwendung von Investitionsabzugsbeträgen bei Personengesellschaften

Nach Auffassung des BFH (Beschluss v. 15.11.2017, VI R 44/16, BStBl 2019 II S. 466) kann z.B. bei Bildung des Investitionsabzugsbetrags in der Gesamthandsbilanz eine spätere Investition im Sonderbetriebsvermögen eines Mitunternehmers begünstigt werden.

Im Jahressteuergesetz 2020 setzt die Finanzverwaltung nun ihre abweichende Rechtsauffassung in einem neu eingefügten § 7g Abs. 7 Sätze 2 und 3 EStG-E um. Die Ergänzung soll klarstellen, dass die Hinzurechnung von Investitionsabzugsbeträgen **nur in dem Vermögensbereich** zulässig ist, **in dem der Abzug erfolgt** ist. Dadurch soll sichergestellt werden, dass die Steuererleichterung nur demjenigen gewährt wird, der auch tatsächlich Investitionen tätigt. Wurde beispielsweise ein Investitionsabzugsbetrag im Sonderbetriebsvermögen eines Mitunternehmers einer Personengesellschaft geltend gemacht, kann der Abzugsbetrag auch nur für Investitionen dieses Mitunternehmers in seinem Sonderbetriebsvermögen verwendet werden.

Hinweis
§ 7g Abs. 7 Sätze 2 und 3 EStG-E ist erstmals für Investitionsabzugsbeträge anzuwenden, die in nach dem 31.12.2020 endenden Wirtschaftsjahren in Anspruch genommen werden (§ 52 Abs. 16 Satz 2 EStG-E).

2.4 Umsatzsteuer

2.4.1 Umsetzung des Mehrwertsteuer-Digitalpakets

Die wesentlichste Änderung im Umsatzsteuerrecht durch das Jahressteuergesetz 2020 besteht in der Umsetzung der zweiten Stufe des sog. Mehrwertsteuer-Digitalpakets. Die vom Europäischen Rat am 21.11.2019 verabschiedete Richtlinie „(EU) 2019/1995 zur Änderung der Richtlinie 2006/112/EG des Rates vom 28.11.2006 in Bezug auf Vorschriften für Fernverkäufe von Gegenständen und bestimmte inländische Lieferungen von Gegenständen“ (ABl. EU 2019 Nr. L 310/1) stellt eine Ergänzung zu dem sog. Digitalpaket (VAT eCommerce-Package) in Form der Richtlinie (EU) 2017/2455 dar.

Hinweis

Das Jahressteuergesetz 2020 berücksichtigt die Verschiebung des Anwendungszeitpunkts der neuen Regelungen zur Umsetzung des Mehrwertsteuer-Digitalpakets vom 1.1.2021 auf den 1.7.2021 von Seiten der EU.

2.4.1.1 Lieferungen über elektronische Schnittstellen

Eine Änderung betrifft den elektronischen Geschäftsverkehr. Unternehmer, die über ihre elektronische Schnittstelle die **Lieferung eines Gegenstands** durch einen anderen, nicht im Gemeinschaftsgebiet ansässigen Unternehmer, dessen Beförderung oder Versendung im Gemeinschaftsgebiet beginnt und endet, **an** einen Empfänger i. S. des § 3a Abs. 5 Satz 1 UStG (v. a. **Nichtunternehmer**) unterstützen, werden zukünftig so behandelt, als hätten sie diesen Gegenstand für ihr Unternehmen selbst erhalten und geliefert (§ 3 Abs. 3a Satz 1 UStG-E). Der Lieferung des Unternehmers (Schnittstellenbetreiber) wird infolge dessen die Beförderung oder Versendung des Gegenstands zugeschrieben (sog. „bewegte Lieferung innerhalb des fiktiven Reihengeschäfts"; § 3 Abs. 6b UStG-E). Die Lieferung an den Schnittstellenbetreiber soll nach § 4 Nr. 4c UStG-E steuerfrei sein.

Dies soll auch für den **Fernverkauf** von aus dem **Drittland** eingeführten Gegenständen in Sendungen mit einem **Sachwert von höchstens 150 EUR** über die elektronische Schnittstelle des Unternehmers gelten (§ 3 Abs. 3a Satz 2 UStG-E). Dabei versteht man unter einem Fernverkauf i. S. des § 3 Abs. 3a Satz 2 UStG-E die Lieferung eines Gegenstands, der durch den Lieferer oder für dessen Rechnung aus dem Drittlandsgebiet an einen Erwerber in einem Mitgliedstaat befördert oder versandt wird. Lieferungen, an deren Beförderung oder Versendung der Lieferer indirekt beteiligt ist, sind eingeschlossen. Nicht anzuwenden ist die Lieferortfiktion nach Satz 2 für die Lieferung neuer Fahrzeuge und von Gegenständen, die durch den Lieferer oder für dessen Rechnung montiert oder installiert geliefert werden (§ 3 Abs. 3a Satz 5 UStG-E).

Die Neuregelungen in § 3 und § 4 UStG sind nach dem jetzigen Entwurf des § 27 Abs. 33 Satz 1 UStG-E erstmals auf Umsätze und Einfuhren anzuwenden, die nach dem 30.6.2021 ausgeführt werden.

Hinweis
Der Begriff „elektronische Schnittstelle" wird in § 3 Abs. 3a Satz 3 UStG-E als „elektronischer Marktplatz", elektronische Plattform, elektronisches Portal oder Ähnliches definiert und soll laut Gesetzesbegründung weit auszulegen sein.

2.4.1.2 Ort der Lieferung und sonstigen Leistungen bei Fernverkäufen

Der Leistungsort bei Telekommunikationsdienstleistungen, bei Rundfunk- und Fernsehdienstleistungen und bei auf elektronischem Weg erbrachten sonstigen Leistungen, die **an Nichtunternehmer** erbracht werden, befindet sich grundsätzlich an dem Ort, an dem der Leistungsempfänger seinen Wohnsitz, seinen gewöhnlichen Aufenthaltsort oder seinen Sitz hat (§ 3a Abs. 5 UStG). Eine Ausnahme hiervon setzt u.a. voraus, dass der leistende Unternehmer im vorangegangenen und in dem laufenden Kalenderjahr jeweils nicht mehr als 10.000 EUR (netto) mit derartigen Umsätzen erzielt. Diese Regelung soll auf innergemeinschaftliche Fernverkäufe erweitert werden, welche in die Berechnung des Schwellenwerts in Höhe von 10.000 EUR einbezogen werden (§ 3a Abs. 5 Satz 3 UStG-E).

Eine Neufassung des § 3c UStG-E (sog. Versandhandelsregelung) regelt den Lieferort eines **innergemeinschaftlichen Fernverkaufs** neu. Nach § 3c Abs. 1 UStG-E verlagert sich der **Lieferort** analog der derzeitigen Regelung grundsätzlich gemäß dem Bestimmungslandprinzip an das **Ende der Beförderung** oder Versendung an den Erwerber. Eine Ausnahme besteht für Unternehmer, die in nur einem Mitgliedstaat ansässig sind und deren EU-weite Fernverkäufe die (neue, ab 2021 EU-weit einheitliche) Lieferschwelle von 10.000 EUR nicht überschreiten (§ 3c Abs. 4 Satz 1 UStG-E).

Hinweis
Auf die Anwendung dieser Lieferschwellen-Regelung kann verzichtet werden (§ 3c Abs. 4 Satz 2 UStG-E).

Neu ist außerdem die Erweiterung des Tatbestands auf **Fernverkäufe aus dem Drittland**. Entsprechend verlagert sich der Lieferort für Fernverkäufe, die aus dem

Drittland eingeführt werden, in das Land, in dem die Beförderung oder Versendung endet (§ 3c Abs. 2 Satz 1 UStG-E). Das gilt auch, wenn die Liefergegenstände zuvor in einem anderen EU-Mitgliedstaat eingeführt wurden als demjenigen, in dem die Beförderung oder Versendung endet.

Hinweis

Die Regelungen in § 3a Abs. 5 und § 3c UStG-E sind nach § 27 Abs. 33 Satz 1 UStG-E erstmals auf Umsätze und Einfuhren anzuwenden, die nach dem 30.06.2021 ausgeführt werden.

2.4.1.3 One-Stop-Shop-Besteuerungsverfahren

Das bisherige besondere Besteuerungsverfahren für nicht im Gemeinschaftsgebiet ansässige Unternehmer, die sonstige Leistungen nach § 3a Abs. 5 UStG (Telekommunikationsdienstleistungen, Rundfunk- und Fernsehdienstleistungen und elektronische Dienstleistungen an Nichtunternehmer) erbringen, wird auf **alle am Ort des Verbrauchs ausgeführten Dienstleistungen an Nichtunternehmer** mit Sitz oder Wohnsitz im Gemeinschaftsgebiet ausgedehnt. Dafür werden die diesbezüglichen bisherigen Sonderregelungen für die Erhebung der Mehrwertsteuer in § 18 Abs. 4c und 4d UStG nun künftig insgesamt in einem neuen § 18i UStG-E geregelt.

Der sog. **Mini-One-Stop-Shop** (kurz: „MOSS"/Kleine einzige Anlaufstelle), also das bisherige besondere Besteuerungsverfahren für im Gemeinschaftsgebiet ansässige Unternehmer, die sonstige Leistungen nach § 3a Abs. 5 UStG erbringen, wird auf Lieferungen nach § 3 Abs. 3a Satz 1 UStG innerhalb eines Mitgliedstaats (Beginn und Ende der Beförderung oder Versendung im selben Mitgliedstaat) über eine elektronische Schnittstelle, innergemeinschaftliche Fernverkäufe nach § 3c Abs. 1 Satz 2 und 3 UStG und alle am Ort des Verbrauchs ausgeführten Dienstleistungen an Nichtunternehmer mit Sitz oder Wohnsitz im Gemeinschaftsgebiet ausgedehnt (sog. One-Stop-Shop, kurz: „OSS"/Einzige Anlaufstelle).

Aus Vereinfachungsgründen soll die erweiterte Sonderregelung künftig insgesamt in einem neuen § 18j UStG-E geregelt werden. Bislang ist dies für die Erhebung der Umsatzsteuer für in der Gemeinschaft, nicht aber im Mitgliedstaat des Verbrauchs ansässige Unternehmer hinsichtlich der im Inland zu erklärenden Umsätze in § 18

Abs. 4e UStG und bezüglich der im übrigen Gemeinschaftsgebiet zu erklärenden Umsätze in § 18h UStG geregelt.

Eine vergleichbare Sonderregelung des Besteuerungsverfahrens wird für **Fernverkäufe** von **aus dem Drittlandsgebiet** eingeführten Gegenständen in Sendungen mit einem Sachwert bis 150 EUR eingeführt (§ 18k UStG-E; Import-One-Stop-Shop, kurz: „IOSS"). Verbrauchsteuerpflichtige Gegenstände sind vom Anwendungsbereich ausgenommen, da die Verbrauchsteuer Teil der Bemessungsgrundlage für die Einfuhrumsatzsteuer ist.

Die Regelungen zum besonderen Besteuerungsverfahren (One-Stop-Shop) sind nach dem derzeitigen Entwurf des Jahressteuergesetzes 2020 erstmals auf Umsätze anzuwenden, die nach dem 30.6.2021 ausgeführt werden (§ 27 Abs. 32 UStG-E).

Hinweis

Das bisherige Mini-One-Stop-Shop-Verfahren (MOSS) wird zum One-Stop-Shop (OSS), um zukünftig zu vermeiden, dass sich Unternehmen in verschiedenen Mitgliedstaaten registrieren müssen. Allerdings regelt der OSS zunächst nur den Verkauf über Handelsplattformen an Nichtunternehmer.

Die Neuregelungen in den §§ 18i, 18j und 18k UStG-E haben ebenfalls Auswirkungen auf den Zeitpunkt der Steuerentstehung (§ 13 UStG-E), den Steuerschuldner (§ 13a UStG-E), die Steuerberechnung und den Besteuerungszeitraum (§ 16 UStG-E) sowie das generelle Besteuerungsverfahren (§ 18 UStG-E)

2.4.1.4 Besondere Pflichten für Schnittstellenbetreiber und Haftung

Die **Aufzeichnungspflichten eines Schnittstellenbetreibers** werden in Umfang und Inhalt erweitert, etwa um die elektronische Adresse oder Website des liefernden Unternehmers oder – soweit bekannt –, die Bestellnummer oder die eindeutige Transaktionsnummer (§ 22f UStG-E). Die bisher bestehende Verpflichtung zum Vorhalten einer vom zuständigen Finanzamt erteilten Bescheinigung über die steuerliche Erfassung (in Papierform) soll laut Gesetzesbegründung nicht mehr erforderlich sein.

Hinweis

Die nach § 22f Abs. 1 bis 3 UStG-E zu führenden Aufzeichnungen sind zehn Jahre lang aufzubewahren und auf Anforderung des Finanzamts elektronisch zu übermitteln (§ 22f Abs. 4 UStG-E).

Die grundsätzliche **Haftung des Betreibers** einer elektronischen Schnittstelle für die nicht entrichtete Umsatzsteuer eines Unternehmers aus der Lieferung einer Ware, die er mittels seiner Schnittstelle unterstützt, wird auf die Neuregelung zur Lieferkettenfiktion und Umsatzsteuerschuldnerschaft angepasst. Die Haftung soll nicht mehr in den Fällen gelten, in denen der Schnittstellenbetreiber Schuldner der Umsatzsteuer ist (§ 25e Abs. 1 UStG-E i. V. m. § 3 Abs. 3a UStG-E).

Die Regelungen in §§ 22f und 25e UStG-E sind nach § 27 Abs. 33 Satz 1 UStG-E erstmals auf Umsätze und Einfuhren anzuwenden, die nach dem 30.6.2021 ausgeführt werden.

Hinweis

Nach § 27 Abs. 25 Satz 1 UStG-E wird der Beginn, ab dem Daten nach § 22f Abs. 5 UStG-E auf Anforderung zu übermitteln sind, durch ein gesondertes BMF-Schreiben bekannt gegeben.

2.4.1.5 Reverse-Charge-Verfahren bei Telekommunikationsdienstleistungen

Die Steuerschuldnerschaft des Leistungsempfängers wird erweitert auf Telekommunikationsdienstleistungen (§ 13b Abs. 2 Nr. 12, Abs. 5 Satz 6 UStG-E; zur Definition der betroffenen Leistungen vgl. Abschn. 3a.10 UStAE). Ziel der Erweiterung ist, Umsatzsteuerausfälle zu verhindern, die dadurch eintreten, dass in bestimmten Fällen (Handel mit Voice over IP) nicht sichergestellt werden kann, dass die Telekommunikationsdienstleistungen vollständig im allgemeinen Besteuerungsverfahren erfasst werden. Der Anwendungsbereich wird dabei auf sog. **Wiederverkäufer** beschränkt. Nicht erfasst werden sollen Unternehmer, die Telekommunikationsdienstleistungen nur als Nebenleistungen erbringen oder die solche Leistungen lediglich erwerben, ohne sie weiterzuveräußern.

Hinweis

Um Rechtssicherheit für den leistenden Unternehmer als auch für den Leistungsempfänger zu erlangen, sieht die Regelung vor, dass die zuständige Finanzbehörde dem Leistungsempfänger eine **Bescheinigung** ausstellt – befristet auf längstens drei Jahre –, aus der sich die **Wiederverkäufereigenschaft** des Unternehmers ergibt. Das Vordruckmuster der Bescheinigung soll zeitgleich mit der Gesetzesänderung veröffentlicht werden.

2.4.1.6 Rechnungsberichtigung kein rückwirkendes Ereignis

Mit einer Neuregelung des § 14 Abs. 4 Satz 4 UStG-E stellt der Gesetzgeber vor dem Hintergrund ergangener Rechtsprechung des EuGH und des BFH sowie ergänzender Verwaltungs-Regelungen (s. Kapitel Rückblick Tz. 2.8.13) klar, dass die Berichtigung einer Rechnung um fehlende oder unzutreffende Angaben kein rückwirkendes Ereignis i. S. des § 175 Abs. 1 Satz 1 Nr. 2 AO und § 233 Abs. 2a AO darstellt. Das Recht auf Vorsteuerabzug entsteht unabhängig vom Vorliegen einer Rechnung. Daher hat die Erteilung einer berichtigten Rechnung keine Auswirkung auf die Entstehung dieses Rechts.

Hinweis

Eine ausdrückliche gesetzliche Regelung war bisher nicht notwendig, da eine Rechnungsberichtigung nach ständiger Rechtsprechung immer nur in die Zukunft wirkte. Nach Änderung der Rechtsprechung ist eine Rechnungsberichtigung innerhalb der Grenzen der allgemeinen verfahrensrechtlichen Änderungsvorschriften der Abgabenordnung auch mit Rückwirkung möglich. Entsprechend ist für die Zinsfestsetzung nach § 233a AO in Fällen von geänderten Umsatzsteuerfestsetzungen auf Grund einer Rechnungsberichtigung kein abweichender Zinslauf nach § 233a Abs. 2a AO, sondern der reguläre Zinslauf maßgebend.

2.4.1.7 Wertgrenze für Einfuhr von Waren mit geringem Wert

Die Einfuhr von Sendungen, deren Gesamtwert 22 EUR je Sendung nicht übersteigen (Sendung von geringem Wert), ist nicht mehr von der Einfuhrumsatzsteuer befreit (§ 1 Abs. 1 EUStBV-E). Um dennoch nicht Kleinstbeträge zu erheben, werden Einfuhrabgaben i. S. von § 1 Abs. 1 des Zollverwaltungsgesetzes nicht erhoben, wenn der Abgabenbetrag

- bei Sendungen mit Sachwert von höchstens 150 EUR weniger als 1 EUR,
- im Reiseverkehr weniger als 3 EUR
- und in anderen Fällen weniger als 5 EUR beträgt (§ 23 Abs. 1 ZollV-E).

2.4.1.8 Weitere umsatzsteuerliche Änderungen aus dem Jahressteuergesetz 2020

U. a.:

- Klarstellung in § 17 Abs. 1 Satz 6 UStG-E zu **Preisnachlässen bei grenzüberschreitenden Lieferketten** und insbesondere mit der Verpflichtung zur Vorsteuerkorrektur bei einem inländischen unternehmerischen Leistungsempfänger.
- Erstmalige gesetzliche Regelung des **Besteuerungsverfahrens von Gebietskörperschaften** (sog. dezentrale Erfassung) für die Zeit der Anwendbarkeit des § 2b UStG, § 18 Abs. 4f und 4g UStG-E.
- Der ursprüngliche **Bußgeldrahmen** für die Gefährdung des Umsatzsteueraufkommens nach dem bisherigen § 26b Abs. 2 UStG wird in § 26a Abs. 3 UStG-E von 50.000 EUR auf 30.000 EUR gemindert.
- Ausweitung der **Steuerbefreiung für heilkundliche Leistungen** (§ 4 Nr. 14 Buchst. f UStG-E).
- Anpassung der **Steuerbefreiung für Pflegeleistungen** an die Rechtsprechung des BFH sowie an die Regelungen der SGB (§ 4 Nr. 16 UStG-E).
- Einführung einer **Umsatzgrenze** i. H. v. **600.000 EUR** für die **Durchschnittsbesteuerung** land- und forstwirtschaftlicher Betriebe (§ 24 Abs. 1 Satz 1 UStG-E).
- **Befristete Erteilung** von **USt-IdNrn.** (§ 27a Abs. 1a UStG-E).

2.4.2 Monatliche Abgabe von USt-Voranmeldungen für Gründer

Unternehmer mit einer Umsatzsteuerlast von mehr als 7.500 EUR im vorangegangenen Kalenderjahr haben gemäß § 18 Abs. 2 Satz 2 UStG monatlich eine Umsatzsteuer-Voranmeldung abzugeben. Grundsätzlich ist der Voranmeldungszeitraum das Kalendervierteljahr (§ 18 Abs. 2 Satz 1 UStG), bei einer Steuerlast von weniger als 1.000 EUR im vorangegangenen Kalenderjahr kann das Finanzamt sogar von der Abgabe der Voranmeldungen befreien (§ 18 Abs. 2 Satz 3 UStG).

Für einen **Unternehmensgründer**, der die Tätigkeit neu aufnimmt, ist gemäß § 18 Abs. 2 Satz 4 UStG im laufenden und im darauffolgenden Kalenderjahr der Voranmeldungszeitraum der Kalendermonat, **unabhängig von der Höhe der Umsatzsteuer**. Künftig werden Unternehmer im Jahr der Gründung und im Folgejahr von dem automatisch vorgegebenen monatlichen Voranmeldungszeitraum befreit. Vielmehr richtet sich der maßgebliche Voranmeldungszeitraum auch in diesen Fällen nach der Höhe der auf eine Jahressteuer hochgerechneten Umsatzsteuerlast (§ 18 Abs. 2 Satz 6 UStG).

Hinweis

Die Anwendung des § 18 Abs. 2 Satz 4 UStG wird zunächst befristet auf den Zeitraum v. 1.1.2021 bis 31.12.2026 ausgesetzt (§ 18 Abs. 2 Satz 6 UStG, eingeführt durch das Bürokratieentlastungsgesetz III, BGBl 2019 I S. 1746). Die Bundesregierung plant, die Aussetzung dieser Vorschrift für Existenzgründer bis Ende 2024 zu evaluieren.

2.4.3 Ausfuhrnachweis in Beförderungsfällen

Die Fünfte Verordnung zur Änderung steuerlicher Verordnungen vereint zur Vereinfachung des Gesetzgebungsverfahrens eine Reihe von Änderungen in diversen steuerlichen Verordnungen in einer sog. 5. Mantelverordnung (BGBl 2020 I S. 1495). Im Bereich der Umsatzsteuer wurde geregelt, dass u.a. der Ausfuhrnachweis in Beförderungsfällen auch elektronisch geführt werden kann.

2.5 Strom- und energiesteuerlicher Spitzenausgleich

Unter bestimmten Voraussetzungen (u.a. Betrieb eines Energiemanagementsystems) können Unternehmen des Produzierenden Gewerbes i.S. des § 2 Nr. 3 StromStG eine weitgehende Entlastung von der gezahlten Strom- und Energiesteuer im Rahmen des sog. „Spitzenausgleichs“ der § 10 StromStG sowie § 55 EnergieStG beantragen. Für die Gewährung der Steuerentlastung ist u.a. erforderlich, dass die von der Bundesregierung gesetzten, jährlichen Zielwerte der Reduzierung der Energieintensität auf Ebene des gesamten produzierenden Gewerbes erreicht werden. Die Zielerreichung wird von der Bundesregierung stets auf der Grundlage des Berichtes eines unabhängigen wissenschaftlichen Instituts festgestellt. Die entsprechende Feststellung eines auch 2021 möglichen Spitzenausgleichs erfolgte durch das Bundeskabinett am 2.12.2020.

2.6 Steuerliche Verbesserungen für Mitarbeiterkapitalbeteiligungen

Mit dem vom BMF Anfang Dezember 2020 vorgelegten Referentenentwurf eines Fondsstandortgesetzes (FoG) sollen die Beteiligungsmöglichkeiten von Arbeitnehmern an Unternehmen und damit auch die Vermögensbildung gestärkt werden. Insbesondere sollen Startups von dem Vorhaben profitieren, da es für diese besonders wichtig sei, qualifizierte Fachkräfte mittels Kapitalbeteiligung zu binden. Ab dem 1.7.2021 soll daher u.a. der **Freibetrag** für die unentgeltliche oder verbilligte **Überlassung von Vermögensbeteiligungen an Arbeitnehmer** von 360 EUR auf **720 EUR** verdoppelt werden (§ 3 Nr. 39 EStG-E).

Zudem soll ein speziell für Arbeitnehmer in KMU eingeführter § 19a EStG-E ein Wahlrecht ermöglichen, vergünstigt überlassene Vermögensbeteiligungen nicht zwingend bereits im Zeitpunkt der Übertragung auf einen Mitarbeiter als Sachbezug zu versteuern. Sofern die Vermögensbeteiligung zusätzlich zum ohnehin geschuldeten Arbeitslohn gewährt wird, kann der Besteuerungszeitpunkt mit Zustimmung des Mitarbeiters verschoben werden. Die Besteuerung würde dann erst im Zeitpunkt der Veräußerung der Vermögensbeteiligung oder bei einem Arbeitgeberwechsel, spätestens jedoch nach 10 Jahren eintreten, grundsätzlich unter Anwendung der sog. Fünftelregelung.

Hinweis

Diese Sonderregelung vermeidet, dass bereits bei vergünstigter Überlassung einer Beteiligung steuerpflichtiger Arbeitslohn entsteht, ohne dass dem Mitarbeiter liquide Mittel zugeflossen sind (sog. „trockenes Einkommen“ – „dry income“).

Von dieser Regelung umfasst sind konkret **Unternehmen mit weniger als 250 Mitarbeitern** bei einem Jahresumsatz von höchstens 50 Mio. EUR oder einer Jahresbilanzsumme von höchstens 43 Mio. EUR. Diese Kriterien müssen im Jahr der Überlassung oder im vorangegangenen Jahr erfüllt sein, wobei die Gründung nicht länger als 10 Jahre zurückliegen darf.

Hinweis

Die Sondervorschriften des § 19a EStG-E sollen erstmals auf Vermögensbeteiligungen angewendet werden, die nach dem 30.6.2021 übertragen werden.

Im Umsatzsteuergesetz soll die Umsatzsteuerbefreiung für die Verwaltung von Investmentfonds nach § 4 Nr. 8h UStG auf Wagniskapitalfonds ausgedehnt werden.

2.7 Lohnsteuer

2.7.1 Erhöhung der Sachbezugsfreigrenze

Mit dem Jahressteuergesetz 2020 soll die Freigrenze für Sachbezüge i.S. des § 8 Abs. 2 Satz 11 EStG von 44 EUR auf **50 EUR** angehoben werden.

Hinweis

Die Erhöhung, die auf die Empfehlungen des Bundestags-Finanzausschusses zurückgeht, soll am 1.1.2022 in Kraft treten und erstmals für den VZ 2022 sowie beim Steuerabzug vom Arbeitslohn auf Vorteile, die in einem nach dem 31.12.2021 endenden Lohnzahlungszeitraum oder als sonstige Bezüge nach dem 31.12.2021 zugewendet werden, anzuwenden sein.

2.7.2 Bescheinigungsverfahren für steuerfreien Zuschuss und Lohnsteuerberechnung

Entsprechend den derzeit geltenden Regelungen (R 3.62 LStR) muss der Arbeitnehmer seinem Arbeitgeber die **Höhe der Beiträge zu einer privaten Krankenversicherung** und zu einer **privaten Pflege-Pflichtversicherung** für den steuerfreien Zuschuss nach § 3 Nr. 62 EStG und für die Lohnsteuerberechnung nach § 39b Abs. 2 Satz 5 Nr. 3 Buchst. d EStG mittels einer Beitragsbescheinigung des Versicherungsunternehmens nachweisen.

Mit dem Jahressteuergesetz 2020 soll ein umfassender Datenaustausch zwischen den Versicherungsunternehmen, der Finanzverwaltung und den Arbeitgebern eingeführt werden, mit dem alle Papierbescheinigungen vollständig (d.h. auch nicht als alternative Lösung) entbehrlich werden (§ 39 Abs. 4 Nr. 4 und Abs. 4a EStG-E).

Die Änderung in § 39 Abs. 4 Nr. 4 und Abs. 4a EStG-E soll erstmals ab dem 1.1.2024 anzuwenden sein; sie kann im Rahmen eines Pilotprojekts mit Echtdaten bereits ab dem 1.1.2023 angewendet werden (§ 52 Abs. 36 Satz 3 EStG-E).

Hinweis
Durch die Änderung soll der Papiernachweis der privaten Krankenversicherungsbeiträge entfallen. Auf der anderen Seite sollen die Versicherungen in § 39 Abs. 4a EStG-E die Übermittlungsverpflichtung bekommen.

2.7.3 Erweiterung der Lohnsteueranmeldung

Mit Neuregelung im sog. Jahressteuergesetz 2019 v. 12.12.2019 (BGBl 2019 I S. 2451) entfällt die bislang geltende Regel, nach welcher der Arbeitgeber die Summe der im Lohnsteuer-Anmeldungszeitraum **einzubehaltenden und zu übernehmenden Steuerabzugsbeträge** (Lohnsteuer, Solidaritätszuschlag und Kirchensteuer) nach dem Zeitpunkt ihrer Entstehung einem **Lohnsteuer-Anmeldungszeitraum zuordnen** musste. Danach wurden die Steuerabzugsbeträge dem Lohnsteuer-Anmeldungszeitraum zugeordnet, in dem der Arbeitslohn dem Arbeitnehmer zufließt (§ 38 Abs. 2 EStG).

Die bescheinigte Lohnsteuer kann jedoch durch diese Unterscheidung von der angemeldeten Lohnsteuer eines Kalenderjahres abweichen. Deshalb sind künftig die angemeldeten Lohnsteuerbeträge **nach dem Kalenderjahr des Bezugs aufzuschlüsseln**.

Hinweis
Die Neuregelung des § 41a Abs. 1 Satz 1 Nr. 1 EStG ist erstmals für Lohnzahlungszeiträume anzuwenden, die nach dem 31.12.2020 enden (§ 52 Abs. 40a EStG).

2.7.4 Bescheinigung für den Lohnsteuerabzug

Wird dem unbeschränkt steuerpflichtigen Arbeitnehmer **keine Identifikationsnummer** mitgeteilt, kann er eine Bescheinigung für den Lohnsteuerabzug bei seinem Wohnsitzfinanzamt beantragen. Mit dieser Bescheinigung kann er den Lohnsteuerabzug nach einer ungünstigen Lohnsteuerklasse vermeiden. Mit dem neuen § 39e Abs. 8 Satz 2 EStG-E hat nunmehr auch der Arbeitgeber die Möglichkeit, die Bescheinigung für den Lohnsteuerabzug in diesen Fällen zu beantragen. Voraussetzung ist jedoch, dass ihn der Arbeitnehmer dazu im Vorfeld **bevollmächtigt** hat (§ 80 Abs. 1 AO). Die Neuregelung gilt auch für beschränkt einkommensteuerpflichtige Arbeitnehmer (über einen Verweis in § 39 Abs. 3 Satz 5 EStG-E).

Hinweis

Die Regelung tritt am 1.1.2021 in Kraft (Art. 34 Abs. 3 des Jahressteuergesetzes 2020) und wäre entsprechend über die allgemeine Anwendungsregelung des § 52 Abs. 1 EStG in der zu diesem Zeitpunkt geltenden Fassung erstmals für den VZ 2021 bzw. auf nach dem 31.12.2020 endende Lohnzahlungszeiträume anwendbar.

2.8 Fristverlängerung bei Kassensicherung (TSE)

Im Zuge der Diskussion zwischen Bund und Ländern bzgl. der weiteren Fristverlängerung für die Kassensicherung, hat das BMF am 11.9.2020 einen Hinweis (kein BMF-Schreiben!) mit Datum vom 18.8.2020 veröffentlicht, in dem es nochmals die aktuell bestehende Erlasslage darstellt:

Derzeit müssen nach dem BMF-Schreiben vom 6.11.2019 (BStBl 2019 I S. 1010) Kassen bis **zum 30.9.2020** mit einer **technisch zertifizierten Sicherheitseinrichtung** (TSE) ausgestattet sein (vgl. auch Kapitel Rückblick Tz. 2.1.16). Aufgrund der Corona-Krise wurde eine weitere Verlängerung dieser Frist gefordert, welche das BMF jedoch nicht gewährte. Daraufhin erließen die Länder (mit Ausnahme von Bremen) eigene Ländererlasse, die diese Frist bis März 2021 verlängerten. Voraussetzung für die Inanspruchnahme war kein Antrag, aber die **Bestätigung über die Bestellung einer solchen TSE** oder die Bestätigung, dass es im Falle der Cloud-TSE derzeit keine solche zu kaufen gibt.

In dem Hinweis hält das BMF an seiner bisherigen Meinung fest und weist nochmal ausdrücklich darauf hin, dass die Inanspruchnahme von Nichtbeanstandungen i.S.v. § 148 AO einen Antrag voraussetzen (AEAO zu § 148). Für das BMF fallen diese Fristverlängerungen in den Regelungsbereich des § 148 AO. Weiter weist das BMF auf § 21a FVG hin, nach dem **(abweichende) ländereigene Verwaltungsanweisungen** der Abstimmung zwischen dem Bundesministerium und den Ländern bedürfen.

Hinweis

Fraglich ist nun weiterhin, wie die Steuerpflichtigen darauf reagieren sollen, zumal die Mehrheit der Bundesländer (u.a. Baden-Württemberg, Bayern, Hessen, Niedersachsen und Nordrhein-Westfalen) bereits angekündigt haben, dass sie an ihren eigenen Nichtbeanstandungen festhalten. Diese Voraussetzungen wurden hier länderspezifisch geregelt und sind nicht überall exakt gleich. Der nun offene Konflikt zwischen den Finanzbehörden der Länder und dem BMF kann daher auch uneinheitliche Folgen nach sich ziehen. Das BMF jedenfalls weist in dem o.g. Schreiben darauf hin, dass eine **Bewilligung von Erleichterungen** im Regelfall nur auf Antrag ausgesprochen werden darf.

2.9 Grunderwerbsteuer/Share Deals

Die bisherigen Ergänzungstatbestände in § 1 Abs. 2a, Abs. 3 und Abs. 3a GrEStG (Share-Deal-Regelungen) erfassen zusätzlich zu reinen Grundstückserwerben auch Rechtsvorgänge, die im wirtschaftlichen Ergebnis zwar einem **auf den Erwerb des Grundeigentums gerichteten Geschäft gleichkommen**, denen aber gesellschaftsrechtliche Vorgänge (hier: Anteilseignerwechsel – „Share Deals") zugrunde liegen. Damit werden auch reine Anteilsübertragungen der Besteuerung mit Grunderwerbsteuer unterworfen.

Nachdem im Jahr 2019 kein politischer Konsens über die im Koalitionsvertrag vereinbarte Verschärfung dieser Regelungen erreicht werden konnte, wurde das ursprüngliche Inkrafttreten zum 1.1.2020 zugunsten einer Überarbeitung verworfen. Die anfangs bis Mitte 2020 angestrebte Einigung wurde jedoch bislang in der Koaliton nicht erzielt.

Grundlage für die fortdauernde Diskussion ist weiterhin der Regierungsentwurf eines Gesetzes zur Änderung des Grunderwerbsteuergesetzes vom 1.7.2019. Laut dem Gesetz wird die **Beteiligungsgrenze der Ergänzungstatbestände** des § 1 Abs. 2a (Anteilsübertragung bei grundbesitzenden Personengesellschaften), Abs. 3 und Abs. 3a GrEStG (Anteilsvereinigung und Anteilsübertragung, rechtsformunabhängig) von 95 % auf 90 % gesenkt.

Zudem wird neben den bereits bestehenden Regelungen der Anteilsvereinigung (§ 1 Abs. 3, 3a GrEStG) ein neuer Ergänzungstatbestand in Anlehnung an den bereits bestehenden § 1 Abs. 2a GrEStG für Anteilsübertragungen bei Personengesellschaften auch für Kapitalgesellschaften eingeführt. Gemäß dem neuen § 1 Abs. 2b GrEStG wird nunmehr bei **Kapitalgesellschaften** eine (mittelbare) Übertragung von **90 % der Anteile auf Neugesellschafter** innerhalb eines 10-Jahreszeitraumes **besteuert**.

Hinweis
Um die Auslösung von Grunderwerbsteuer durch einfachen Börsenhandel insbesondere von **Aktien in Streubesitz** zu vermeiden, soll das Gesetz voraussichtlich eine sog. Börsenklausel, die auf § 1 Abs. 2a und Abs. 2b GrEStG anzuwenden ist, enthalten.

Ein weiterer Kernbestandteil des Gesetzes ist die Verlängerung diverser Fristen. So wird der maßgebliche Betrachtungszeitraum des § 1 Abs. 2a GrEStG (Erwerbsvorgänge, an denen (fiktiv) ausschließlich Personengesellschaften beteiligt sind) von 5 auf 10 Jahre verlängert. Darüber hinaus werden auch in Fällen der Grundstücksübertragung auf bzw. von einer Gesamthand die Haltefristen von 5 auf 10 Jahre (§ 5 Abs. 3 und § 6 Abs. 3 Satz 2 GrEStG) bzw. in Einzelfällen sogar auf 15 Jahre (§ 6 Abs. 4 GrEStG) verlängert.

Hinweis
Ab wann die Neuregelungen zur Grunderwerbsteuer anzuwenden sind, ist derzeit noch offen. Eine rückwirkende Anwendung wird aber offenbar nicht angestrebt, es sind jedoch voraussichtlich komplexe Übergangsvorschriften zu beachten.

2.10 Gewerbesteuerliches Bankenprivileg

Die Fünfte Verordnung zur Änderung steuerlicher Verordnungen vereint zur Vereinfachung des Gesetzgebungsverfahrens eine Reihe von Änderungen in diversen steuerlichen Verordnungen in einer sog. 5. Mantelverordnung (BGBl 2020 I S. 1495). Dazu gehört insbesondere eine Beschränkung des sog. gewerbesteuerlichen Bankenprivilegs (§ 19 GewStDV), das bei den gewerbesteuerlichen Hinzurechnungen von Zinsen nach § 8 Nr. 1 Buchst. a GewStG eine begünstigende Sonderregelung für Kreditinstitute vorsieht. Diese Sonderregelung wird ab Erhebungszeitraum 2021 auf konkret dem § 1 Abs. 1 des Kreditwesengesetzes unterliegende Kreditinstitute beschränkt.

Hinweis

Damit reagiert der Verordnungsgeber auf ein Urteil des BFH v. 6.12.2016 (I R 79/15, BStBl 2019 II S. 173), nach dem auch Konzernfinanzierungsgesellschaften, die keiner Aufsicht unterliegen, vom sog. Bankenprivileg profitieren können.

2.11 Modernisierung des Abzugsteuerentlastungsverfahrens

Am 20.11.2020 veröffentlichte das BMF einen Referentenentwurf eines Abzugsteuerentlastungsmodernisierungsgesetzes (AbzStEntModG). Mit dem Reformgesetz soll u.a. das bisher sehr komplexe **Verfahren zur Entlastung von Kapitalertragsteuer** und zum Steuerabzug für beschränkt Steuerpflichtige vereinfacht werden. Wesentliche Inhalte sind dabei u.a.:

- Verschlankung des vorhandenen Entlastungsverfahrens von der Kapitalertragsteuer und vom Steuerabzug nach § 50a EStG durch mehr Digitalisierung und eine stärkere Konzentration beim BZSt.
- Aufbau einer umfassenden Kapitalertragsteuer-Datenbank.
- Haftungsverschärfung für die Aussteller von Kapitalertragsteuer-Bescheinigungen und eine Verbesserung der Missbrauchsbekämpfung.
- Aufnahme eines Verlustverrechnungsverbots für bestimmte Verluste im Rahmen von Umwandlungen in § 2 Abs. 5 UmwStG.

Hinweis

Mit dem Abschluss des Gesetzgebungsverfahrens ist voraussichtlich nicht vor Frühjahr 2021 zu rechnen. Zum Zeitpunkt des Redaktionsschlusses (9.12.2020) stand ein genauerer Zeitplan noch nicht fest.

Ein weiterer wesentlicher Punkt der Reform ist die **Neufassung der anti-treaty-shopping Vorschrift des § 50d Abs. 3 EStG**, die vom EuGH sowohl i.d.F. 2007 als auch 2012 für nicht mit dem Unionsrecht vereinbar eingestuft wurde (vgl. EuGH, Urteil v. 20.12.2017, C-504/16 u. C-613/16, Deister Holding, sowie Beschluss v. 14.6.2018, C-440/17, GS).

Nach der geplanten Neufassung soll die ausländische Gesellschaft grundsätzlich keinen Anspruch auf Entlastung der Abzugsteuer haben, soweit Personen an ihr beteiligt/begünstigt sind, denen dieser Anspruch bei Direktbezug nicht zustünde (**persönliche Entlastungsberechtigung**), und soweit die Einkunftsquelle keinen wesentlichen Zusammenhang mit einer Wirtschaftstätigkeit dieser ausländischen Gesellschaft aufweist (**sachliche Entlastungsberechtigung**), § 50d Abs. 3 Satz 1 EStG-E.

Bei der persönlichen Entlastungsberechtigung soll anders als bisher auf Ebene der an der ausländischen Gesellschaft beteiligten Person zu prüfen sein, ob sich die Entlastung aus derselben Rechtsgrundlage (z. B. dasselbe DBA) ergibt.

Hinweis

Laut der Begründung des Referentenentwurfs soll ein betragsmäßig gleichwertiger Anspruch nach einem anderen DBA nicht ausreichen. Bleibt es bei dieser Formulierung, dürfte es insoweit zu einer Verschärfung kommen.

Die sachliche Entlastungsberechtigung soll künftig einen wesentlichen Zusammenhang zwischen der Einkunftsquelle mit einer Wirtschaftstätigkeit der ausländischen Gesellschaft erfordern. Das Erzielen von Einkünften und das reine Weiterleiten (laut Begründung des Referentenentwurfes passive Beteiligungsverwaltung) sowie eine Tätigkeit, soweit sie nicht mit einem für den Geschäftszweck angemessenen eingerichteten Geschäftsbetrieb ausgeübt werden, sollen nicht als Wirtschaftstätigkeit gelten.

Künftig soll ein eigenständiger **Gegenbeweis** geführt werden können. Eine Entlastung soll trotz Fehlens der persönlichen und sachlichen Entlastungsberechtigung gewährt werden, soweit die ausländische Gesellschaft nachweist, dass keiner der Hauptzwecke ihrer Einschaltung die Erlangung eines steuerlichen Vorteils ist (§ 50d Abs. 3 Satz 2 EStG-E). Laut Begründung des Referentenentwurfes sollen dafür sämtliche außersteuerliche Gründe zu berücksichtigen sein, auch solche, die sich aus einem Konzernverhältnis ergeben.

Für börsennotierte Gesellschaften, die wesentlichen und regelmäßigen Handel an einer anerkannten Börse betreiben, soll § 50d Abs. 3 EStG wie bisher nicht greifen (sog. **Börsenklausel**). Laut Begründung des Referentenentwurfs soll die Börsenklausel aber ausschließlich für den unmittelbaren Gesellschafter Anwendung finden. Auf Ebene der mittelbaren Gesellschafter würde die Börsenklausel nicht greifen. Des Weiteren soll die Ausnahme für Investmentfonds (bisheriger Satz 5) ersatzlos gestrichen werden.

Hinweis

Laut derzeit geplantem Wortlaut soll der neu gefasste § 50d Abs. 3 EStG unmittelbar nur noch für Ansprüche auf Entlastung von Kapitalertragsteuer oder vom Steuerabzug nach § 50a, die sich aus DBA ergeben, gelten. Aufgrund der ebenfalls geplanten Ergänzungen in § 43b Abs. 1 Satz 1 Halbsatz 2 EStG (betreffend Mutter-Tochter-Richtlinie), in § 50g Abs. 4 Satz 2 EStG (betreffend Zins- und Lizenz-Richtlinie) sowie in § 44a Abs. 9 EStG soll § 50d Abs. 3 EStG – wie auch schon in der aktuellen Fassung – aber bei den dort geregelten Entlastungsansprüchen in gleicher Weise zu beachten sein.

Eine weitere vorgesehene Änderung betrifft die **beschränkte Steuerpflicht bei Rechteüberlassung**. Einkünfte aus der Überlassung (Lizensierung oder Veräußerung) von im Inland verwerteten oder in ein inländisches Register eingetragenen Rechten unterliegen derzeit der beschränkten Steuerpflicht (§ 49 Abs. 1 Nr. 2 Buchst. f und Nr. 6 EStG). Im Fall der zeitlich befristeten Nutzungsüberlassung ist verfahrensrechtlich der Vergütungsschuldner zum Einbehalt, zur Anmeldung und Abführung der Steuerschuld für den Vergütungsgläubiger verpflichtet. Durch das AbzStEntModG soll der Passus zur Rechteüberlassung „oder in ein inländisches öffentliches Buch oder Register eingetragen" für alle offenen Fälle (§ 52 Abs. 45a EStG-E) gestrichen werden.

Hinweis

Noch offen ist, wie mit dem erst kürzlich veröffentlichten BMF-Schreiben v. 6.11.2020 umgegangen werden soll. Nach diesem BMF-Schreiben gelten die o.g. Verpflichtungen auch für nicht unbeschränkt steuerpflichtige Lizenznehmer (in rein extraterritorialen Fällen). Zudem soll in Fällen einer zeitlich unbefristeten Rechteüberlassung, welche das BMF mit einer Rechteveräußerung gleichsetzt, der Empfänger der Lizenzgebühr eine Steuererklärung beim zuständigen Finanzamt einzureichen haben.

2.12 ATAD-Umsetzung und AStG-Reform

Das derzeit im Entwurfsstadium befindliche Gesamtpaket zur Umsetzung der im Mai 2017 auf EU-Ebene finalisierten Anti-Steuervermeidungsrichtlinie (ATAD) besteht aus ATAD-Umsetzung, Reform der Hinzurechnungsbesteuerung (HZB) und Neuausrichtung der Vorschriften zu Verrechnungspreisen.

Die Niedrigsteuergrenze von 25 % soll offenbar vorerst beibehalten werden. Im Gespräch ist aber eine Anpassung entsprechend der OECD-Mindeststeuerinitiative (s.a. Kapitel Ausblick Tz. 2.15). Dies wurde schon am 8.3.2020 vom Koalitionsausschuss angekündigt.

Details zum Regierungsentwurf waren zum Redaktionsschluss noch nicht bekannt. Bundestag und Bundesrat werden dem ATAD-Umsetzungsgesetz damit erst im ersten oder zweiten Quartal 2021 zustimmen können.

Hinweis

Ob trotz der erneuten Verfahrensverzögerung weiterhin an der grundsätzlich von der ATAD vorgesehenen Erstanwendung insbesondere von § 4k EStG-E zum 1.1.2020 festgehalten wird, kann derzeit noch nicht gesagt werden.

2.13 Änderungen von Doppelbesteuerungsabkommen durch das MLI

Mit dem Gesetz zu dem Mehrseitigen Übereinkommen vom 24.11.2016 zur Umsetzung steuerabkommensbezogener Maßnahmen zur Verhinderung der Gewinnverkürzung und Gewinnverlagerung (MLI-Umsetzungsgesetz) setzt Deutschland den Aktionspunkt 15 des BEPS-Projekts, das Multilaterale Instrument, um.

Das MLI enthält in insgesamt 39 Artikeln insbesondere Maßnahmen gegen hybride Besteuerungsinkongruenzen, zur Bekämpfung von Abkommensmissbrauch, gegen die Umgehung des Betriebsstättenstatus sowie zur Verbesserung der Streitbeteiligung.

Das MLI ist zum 1.7.2018 in Kraft getreten. Mit Stand vom 29.9.2020 wurde es von 94 Staaten unterzeichnet und von nunmehr 53 Staaten ratifiziert, akzeptiert oder bestätigt. Die USA hatten bereits während der Erarbeitung des MLI angekündigt, dass sie zwar bei der Ausarbeitung mitwirken, aber eine Umsetzung bezüglich ihrer DBA nicht planen. Bei der Unterzeichnung bzw. der Ratifikation des MLI legen die

Staaten fest, welche der bestehenden DBA jeweils in welcher Form vom MLI modifiziert werden sollen. Wenn jeweils beide DBA-Staaten ein DBA auf ihrer Liste führen, wird das DBA vom MLI geändert.

Hinweis

Die OECD hat umfangreiche Listen („Matching Database") zu allen Teilnehmerstaaten veröffentlicht, in denen die Auswirkungen der vielgestaltigen Wahlrechte, die allen Staaten zustehen, und der jeweilige Stand der Ratifikation nachvollzogen werden kann. Laut Matching Database mit Stand vom 29.9.2020 würden mit Ratifizierung des MLI von allen Vertragsparteien knapp 1.700 DBA geändert. Durch weitere Unterzeichner oder Erweiterung der Listen soll diese Zahl auf gut 2.800 ansteigen.

Wie bei internationalen Vertragswerken üblich, müssen die meisten Teilnehmerstaaten, **innerstaatliche Umsetzungsmaßnahmen** veranlassen, bevor die MLI-Bestimmungen für die ausgewählten DBA wirksam werden. Während in anderen Staaten die Umsetzung des MLI als solches ausreicht, hat Deutschland mit dem Regierungsentwurf vom 20.5.2020 ein umfassendes Verfahren in zwei Stufen (bestehend aus Umsetzung des MLI und Änderung der Vertragstexte der durch das MLI zu ändernden DBA) eingeleitet.

Hinweis

Das Bundeskabinett hat am 27.5.2020 den Regierungsentwurf auf den Weg gebracht, der am 8.10.2020 unverändert vom Bundestag beschlossen wurde und dem der Bundesrat am 6.11.2020 zugestimmt hat. Aufgrund eines von Deutschland nach Art. 35 Abs. 7 MLI eingelegten Vorbehalts bleibt die Anwendung des MLI aber auch nach der jetzt möglichen Hinterlegung der Ratifikationsurkunde bei der OECD blockiert, bis auch die nächste Stufe der innerstaatlichen Umsetzung vollzogen ist.

Erst nach Abschluss der zweiten Umsetzungsstufe, mit der frühestens im Jahresverlauf 2021 zu rechnen ist, können die MLI-Änderungen an den 14 erfassten deutschen DBA wirksam werden, sofern auch der jeweils andere Staat das entsprechende DBA zum MLI angemeldet und innerstaatlich umgesetzt hat. Demnach ist nicht vor 2022 mit der Anwendbarkeit von MLI-Änderungen auf deutsche DBA zu rechnen.

Hinweis
Deutschland hat nur 14 der aktuell 96 deutschen DBA für die Anwendung der MLI ausgewählt. Insgesamt sollen jedoch in deutlich mehr der deutschen DBA die auch im MLI vorgesehenen Maßnahmen des BEPS-Pakets eingefügt werden. Die Bundesregierung wird dies in vielen Fällen jedoch nicht über das MLI, sondern über bilaterale Verhandlungen versuchen.

2.14 DBA-Neuerungen im Überblick

Am 16.10.2020 hat Deutschland das noch im Jahr 2019 unterzeichnete Änderungsprotokoll zum DBA mit **Finnland** innerstaatlich umgesetzt (BGBl 2020 II S. 754). Die Neuerungen umfassen insbesondere die Implementation der Mindeststandards aus der OECD-Initiative gegen Steuervermeidung durch die Verkürzung und Verlagerung von Gewinnen (BEPS). In das Änderungsprotokoll haben u.a. die Artikel 6 (Zweck eines unter das Übereinkommen fallenden Steuerabkommens) und Artikel 7 (Verhinderung von Abkommensmissbrauch) des Mehrseitigen Übereinkommens gegen aggressive Steuergestaltungen (MLI) Eingang gefunden. Das Protokoll tritt 30 Tage nach Austausch der Ratifikationsurkunden in Berlin in Kraft und ist ab dem 1.1. des darauffolgenden Jahres anzuwenden.

Deutschland und **Dänemark** haben am 1.10.2020 ein Änderungsprotokoll zur Änderung des DBA aus dem Jahr 1995 unterzeichnet. Auch hier stehen mit der Implementation der Artikel 6 MLI (Zweck eines unter das Übereinkommen fallenden Steuerabkommens), Artikel 7 MLI (Verhinderung von Abkommensmissbrauch) und Artikel 16 MLI (Verständigungsverfahren) Änderungen im Sinne der BEPS-Mindeststandards im Vordergrund. Das Änderungsprotokoll wird nach seinem Inkrafttreten in beiden Vertragsstaaten durch Austausch der Ratifikationsurkunden ab dem 1.1. des Kalenderjahres anzuwenden sein, das dem Jahr folgt, in dem das Abkommen in Kraft getreten ist.

Mit **Liechtenstein** hat Deutschland am 27.10.2020 ein Änderungsprotokoll unterzeichnet. Damit soll das DBA Deutschland und Liechtenstein aus dem Jahr 2011 geändert werden.

Auch im 2019 unterzeichneten Änderungsprotokoll zum DBA mit **Singapur** sind Anpassungen im Sinne des BEPS-Projektes enthalten, insbesondere die Aufnahme der Artikel 6, 7 und 16 des MLI. Ferner sind erweiterte Regelungen zum Austausch von Informationen enthalten, sowie in bestimmten Fällen die Reduzierung der Quellensteuersätze für Dividenden, Zinsen und Lizenzgebühren. Das Änderungsprotokoll tritt mit Austausch der Ratifikationsurkunden in Singapur in Kraft und ist ab dem 1.1. des darauffolgenden Jahres anzuwenden. Das innerstaatliche Umsetzungsverfahren in Deutschland ist mit dem BR-Beschluss vom 27.11.2020 fast abgeschlossen. Bei einem Austausch der Ratifikationsurkunden vor Jahresende 2020 wäre die Erstanwendung schon ab dem 1.1.2021 möglich.

Hinweis

Bevor die Änderungen in den DBA mit Dänemark und Liechtenstein ratifiziert werden und damit in Kraft treten können, müssen diese zunächst den weiteren innerstaatlichen Umsetzungsprozess (Gesetzgebungsverfahren) durchlaufen.

2.15 OECD-Pläne zur Besteuerung der digitalisierten Wirtschaft

Seit 2016 arbeiten mittlerweile 137 Staaten im Rahmen des Inclusive Framework on BEPS der OECD an einer internationalen Lösung zu Besteuerungsproblemen in einer digitalisierten Wirtschaftswelt. Durch die Veröffentlichung der jeweils knapp 250 Seiten umfassenden Berichte zu den beiden Arbeitssträngen Pillar 1 („Unified Approach") und Pillar 2 („GloBE-proposal") am 12.10.2020 setzt die OECD das Signal, dass eine Einigung auf internationaler Ebene – trotz inhaltlicher Diskrepanzen – in greifbarer Nähe ist. Dieser Aspekt war seit dem vorübergehenden Ausstieg der USA aus den Verhandlungen zu Pillar 1 im Juli 2020 zuletzt ins Wanken geraten. Allerdings konnte die bis zum Jahresende 2020 vorgesehene politische Einigung aufgrund der Herausforderungen der COVID-19-Pandemie nicht erreicht werden, sondern soll auf Mitte 2021 verschoben werden.

Der Blueprint zu **Pillar 1**, bei dem es im Wesentlichen um eine Neuzuordnung von Besteuerungsrechten geht, enthält weitere technische Details, wie eine Präzisierung der betroffenen Geschäftstätigkeiten, die anzuwendenden Mechanismen und Umsatz- bzw. Gewinnschwellen für die Umverteilung der Gewinne auf die Marktstaaten (Amount A und B) sowie zur Behandlung von Verlustvorträgen und der Beseitigung von Doppelbesteuerungsrisiken. Während in diesem Arbeitsstrang noch zahlreiche Einzelfragen ungeklärt sind, spiegelt der Bericht zur globalen effektiven Mindestbesteuerung (**Pillar 2**) einen weiter fortgeschrittenen Arbeitsstand wider.

Der Grundgedanke hinter GloBE besteht in einer **weltweiten effektiven Mindestbesteuerung international tätiger Unternehmen**. Deren genaue Höhe steht noch nicht fest, in der Diskussion sind Steuersätze um 12,5 %. Der Anwendungsbereich der GloBE-Regeln soll jedoch in Anlehnung an den CbCR-Schwellenwert nur Unternehmen mit **Umsatzerlösen von mindestens 750 Mio. EUR** im Jahr umfassen. Daneben wurden die vier Kernregeln des Vorschlags, die Income Inclusion Rule, die Undertaxed Payments Rules, die Switch-Over Rule und die Subject-to-Tax Rule weiter konkretisiert.

Die Verschiebung der politischen Einigung wird wohl auch Einfluss auf einige EU-Vorhaben ausüben. So war geplant, dass die EU-Kommission in diesem Herbst einen gesonderten Aktionsplan zur Unternehmensbesteuerung vorlegt, in dem der Stand der OECD-Projekte evaluiert und eigene Reformvorschläge für die Herausforderungen des 21. Jahrhunderts unterbreitet werden sollten. Außerdem wollte die Kommission im ersten Halbjahr 2021 Ausgestaltungsvorschläge für eine „Digitalabgabe" als EU-Eigenmittel unterbreiten (s. a. Kapitel Ausblick Tz. 2.16.1).

Hinweis

Bisher war auf EU-Ebene Konsens, eine EU-eigene Lösung anzugehen im Fall, dass bis Ende 2020 keine endgültige OECD-Einigung erzielt werden kann. Dem Vernehmen nach unterstützt die EU-Kommission das OECD-BEPS-Projekt aber weiterhin und wird entsprechend seine Zeitplanung anpassen. Der Anspruch während der deutschen Ratspräsidentschaft soll sich insbesondere darauf richten, den Boden für eine EU-weite Einführung der effektiven Mindestbesteuerung zu bereiten.

2.16 Steuerpolitik der Europäischen Union

2.16.1 Tax Package

Am 15.7.2020 hat die EU-Kommission ein sog. „Tax Package“ veröffentlicht, welches aus drei Initiativen besteht, die sich gegenseitig ergänzen sollen, um die Besteuerung einfacher, fairer und moderner zu machen. Auf dem EU-Corona-Gipfel wurden am 21.7.2020 zudem steuerpolitische Maßnahmen für eine Reform des europäischen Eigenmittelsystems beschlossen. Darunter u.a. eine europäische Plastiksteuer ab 2021 sowie eine Digitalabgabe und ein CO2-Grenzausgleichsmechanismus ab 2023.

Das EU Tax Package umfasst die folgenden drei Elemente:

2.16.1.1 Aktionsplan für eine faire und einfache Besteuerung zur Unterstützung der wirtschaftlichen Erholung

Der Aktionsplan umfasst insgesamt 25 Maßnahmen, die die EU-Kommission bis 2024 vorschlagen und umsetzen will. Im Fokus soll dabei eine schnelle wirtschaftliche Erholung von der Corona-Krise und die Sicherstellung langfristigen Wachstums in der EU stehen. Die Ankündigungen umfassen u.a.:

- Einen Richtlinienvorschlag, um dem Ziel einer **einzigen EU-Mehrwertsteuerregistrierung** näher zu kommen, anstatt einzelner Registrierungen in allen Mitgliedstaaten, in denen Waren verkauft oder Dienstleistungen erbracht werden.
- **Anpassung der Mehrwertsteuervorschriften der EU an die Digitalisierung**, insb. Aktualisierung der Vorschriften für die Plattformwirtschaft, für Finanzdienstleistungen und Vereinfachung der Sonderregelung für Reiseveranstalter sowie eine Modernisierung der Mehrwertsteuer-Meldepflichten und der elektronischen Rechnungsstellung.
- Ausdehnung der **Streitbeilegungsmechanismen** auf die Mehrwertsteuer.
- Vorbereitung eines **„Cooperative Compliance“-Rahmens** für KMU und größere Unternehmen, der einen Rahmen für den präventiven Dialog zwischen den Steuerverwaltungen für die gemeinsame Lösung grenzübergreifender Steuerfragen im Bereich der Körperschaftsteuer bieten soll.
- Harmonisierung der Vorschriften zur **Bestimmung des steuerlichen Wohnsitzes** bei grenzüberschreitend tätigen EU-Steuerpflichtigen.

- **Verbesserung des Informationsaustauschs** zwischen den Mitgliedstaaten und des Eurofisc-Netzes zur Betrugsbekämpfung.

2.16.1.2 Überarbeitung der Richtlinie über die Zusammenarbeit der Verwaltungsbehörden („DAC 7")

Am 15.7.2020 veröffentlichte die Europäische Kommission einen Vorschlag zur Überarbeitung der Amtshilferichtlinie (Richtlinie 2011/16/EU, kurz „DAC"). Kernaspekt ist die Erweiterung der **EU-Steuertransparenzvorschriften für digitale Plattformen**. Der Kommissionsentwurf sieht dafür neben einer Meldepflicht für Betreiber Digitaler Plattformen vor, dass die Steuerverwaltungen der Mitgliedstaaten automatisch Informationen austauschen, die u. a. Einkünfte von Verkäufern auf digitalen Plattformen umfassen. Darüber hinaus soll die Verwaltungszusammenarbeit u. a. durch Schaffung eines klaren Rechtsrahmens für die Durchführung von gemeinsamen Betriebsprüfungen, sog. „Joint Audits" gestärkt werden. Im Rahmen einer politischen Einigung der EU-Finanzminister wurde beschlossen, die grundsätzliche Anwendung der neuen Regelungen erst ab dem 1.1.2023 stattfinden zu lassen und nicht – wie im Richtlinienentwurf vorgesehen – bereits ab dem 1.1.2022.

2.16.1.3 Mitteilung über verantwortungsvolles Handeln im Steuerbereich in der EU und darüber hinaus („tax good governance")

Die Kommissionsvorschläge sehen eine Reform des Verhaltenskodexes für Unternehmensbesteuerung („Code of Conduct") vor, insbesondere im Hinblick auf die Überprüfung von Eigenschaften der Körperschaftsteuersysteme der Mitgliedstaaten und spezifischer Präferenzregelungen, die schädliche Auswirkungen haben können. Ferner sollen die Kriterien und der Anwendungsbereich der EU-Liste nicht kooperativer Jurisdiktionen („EU Blacklist") überarbeitet werden und die Abwehrmaßnahmen weiterentwickelt und besser koordiniert werden. Der Vorschlag sieht zudem vor, Entwicklungsländer im Steuerbereich in Einklang mit der Agenda 2030 für nachhaltige Entwicklung zu unterstützen.

2.16.2 Weitere steuerpolitische Beschlüsse

Auf dem EU-Corona-Gipfel wurden am 21.7.2020 zudem steuerpolitische Beschlüsse für eine Reform des europäischen Eigenmittelsystems beschlossen, die EU-Einnahmen zur Tilgung des Corona-Hilfefonds (NGEU-Anleihen) generieren sollen. Dazu gehören insbesondere:

- Eine **Plastiksteuer** i.H.v. 80 Cent pro Kilo Plastik, das nicht wiederverwertet wird, ab dem 1.1.2021.
- Eine **Ausweitung des Emissionshandelssystems** auf den Flug- und Schiffsverkehr.
- Eine „**Digitalabgabe**" und ein **CO2-Grenzausgleichsmechanismus** als Importaufschlag für Produkte, die in Drittstaaten keiner vergleichbaren CO2-Bepreisung unterliegen. Die EU-Kommission will im ersten Halbjahr 2021 Ausgestaltungsvorschläge unterbreiten, damit diese spätestens ab dem 1.1.2023 in Kraft treten können.
- Daneben wird die EU-Kommission den Mehrjährigen Finanzrahmen (MFR) überarbeiten und auf die Einführung weiterer Eigenmittel hinarbeiten, zu denen auch eine Finanztransaktionssteuer (FTT) gehören kann. Die Initiierung einer FTT im Rahmen der verstärkten Zusammenarbeit ist auch einer der Schwerpunkte der deutschen Ratspräsidentschaft. Durch den Gipfel-Beschluss könnte sich die Diskussion nun auch auf eine europaweite FTT ausweiten.

Hinweis

Der Eigenmittelbeschluss muss nach der Anhörung des Europäischen Parlaments und dem einstimmigen Beschluss des EU-Rates noch durch nationale Parlamente ratifiziert werden.

2.16.3 Kleinunternehmer im EU-Ausland

Mit Veröffentlichung der Richtlinie des Rates vom 18.2.2020 ((EU) 2020/285) im Amtsblatt der Europäischen Union (ABl. L 62/13 v. 2.3.2020) wird die Kleinunternehmerregelung reformiert, um die Umsatzsteuer-Compliance-Kosten für Start-Ups und Kleinunternehmen zu reduzieren. Dazu gehört eine **Anhebung der (oberen) Umsatzgrenze** sowie eine Ausweitung der Vereinfachung auf EU-ausländische Unternehmer. Zudem sollen Zahlungsdaten gesammelt und geteilt werden, um gegen den Mehrwertsteuerbetrug vorzugehen. **Bisher** gewährt § 19 Abs. 1 Satz 1 UStG die Vereinfachung für Kleinunternehmer **nur für im Inland ansässige Unternehmer**. Sofern jedoch eine Besteuerung im Bestimmungsland stattfindet und der Kleinunternehmer dort nicht ansässig ist, bspw. bei gewissen Handwerkerleistungen in anderen Mitgliedstaaten, läuft die inländische Vereinfachungsregelung für den ausländischen Unternehmer ins Leere.

Sofern Mitgliedstaaten daher die Kann-Regelung für Kleinunternehmen nutzen, müssen sie ab dem 1.1.2025 auch eine **Jahresumsatzgrenze von 100.000 EUR** für Umsätze in der Union einführen. Zusätzliche Voraussetzungen sind, dass der ausländische Kleinunternehmer die Beanspruchung der Regel anzeigt und die Summe der Leistungen in seinem Ansässigkeitsstaat höher ist als im ausländischen Mitgliedstaat (Art. 284 Abs. 2 MwStSystRL).

Hinweis

Mit der Anzeigepflicht verfolgt die EU einen anderen Ansatz als bei inländischen Unternehmern, die ohne Anzeige automatisch in der Vereinfachung der Kleinunternehmerregelung sind und nur nach Verzicht (§ 19 Abs. 2 UStG) als Unternehmer behandelt werden. Dabei soll auch die Schwelle für die inländische Kleinunternehmerregelung neu geregelt werden. Sie darf (Kann-Regelung) in den einzelnen Mitgliedstaaten ab dem 1.1.2025 höchstens 85.000 EUR betragen (Art. 284 Abs. 1 MwStSystRL).

2.17 Brexit

Im Juni 2016 stimmten die Briten mehrheitlich für den Austritt aus der Europäischen Union. Nach mehrfacher Verschiebung soll der Brexit endgültig zum 1. Januar 2021 vollzogen werden. Mit dem Abschluss der Austrittsverhandlungen ist für die EU und das Vereinigte Königreich zunächst eine Übergangsphase in Kraft getreten. Diese sicherte das Fortbestehen der meisten EU-Regelungen, wird jedoch mit dem finalen Austritt am 31.12.2020 enden.

Die Ausgestaltung der Übergangsphase ist geregelt in Art. 126 bis 132 des Austrittsabkommens. Laut Art. 127 gilt während der Übergangsphase das EU-Recht fast unbeschränkt fort. Damit finden im Vereinigten Königreich zunächst, wie in allen anderen Mitgliedstaaten, alle Richtlinien, Verordnungen und Beschlüsse (Art. 127 Abs. 3), sowie die Entscheidungen des EuGH (Art. 131) weiterhin Anwendung. Aus **steuerlicher Sicht** sind in diesem Zusammenhang insbesondere die Mutter-Tochter-, Zins-Lizenz-, Amtshilfe-, Mehrwertsteuersystem-, Verbrauchsteuer-, Energiesteuer- und Fusions-Richtlinie zu nennen.

Nach Ablauf der Übergangsphase können die **steuerlich relevanten EU-Richtlinien** und -Verordnungen bzw. deren Übertragung ins deutsche Recht im Verhältnis zum Vereinigten Königreich grundsätzlich nicht mehr angewendet werden.

Ertragsteuerlich ergibt sich ab diesem Zeitpunkt ein Bedeutungszuwachs für das DBA zwischen Deutschland und dem Vereinigten Königreich. Deutliche Umstellungen folgen nach Ablauf der Übergangsphase aus dem Wechsel des Vereinigten Königreichs in den **Status eines Drittstaats** insbesondere in den Bereichen des Mehrwertsteuer- und Verbrauchsteuerrechts sowie zollrechtlich.

Bei Abschluss eines umfassenden Freihandelsabkommens („zero tariff, zero quota") ist zu erwarten, dass Ursprungswaren, die in der EU oder im Vereinigten Königreich mit hinreichender Wertschöpfungstiefe produziert werden, im jeweils anderen Wirtschaftsraum zollfrei eingeführt werden können. Die Waren müssen die Anforderungen an den Präferenzursprungserwerb und dessen Deklaration sachlich und formell erfüllen.

Die Zollbegünstigung gilt jedoch nicht für Waren aus dritten Ländern, etwa aus China oder den USA, die über den Weg der EU beispielsweise als Handelsware in das Vereinigte Königreich gelangen und umgekehrt. Für sie fallen auch bei Zustandekommen eines Präferenzabkommens ggf. nochmals Einfuhrabgaben an, also erst bei der Einfuhr in die EU, dann bei der Einfuhr in das Vereinigte Königreich. Es kann damit in vielen Fällen zu einer Doppelbelastung kommen.

Hinweis

Auch wenige Wochen vor Ablauf der Übergangsphase, deren letztmögliche Verlängerung die britische Regierung zum letzten dafür vorgegebenen Zeitpunkt bewusst nicht beantragt hat, sind zentrale Streitpunkte eines möglichen Freihandelsabkommens nach wie vor ungelöst.

2.18 Reform des Versicherungssteuerrechts

Nachdem die Reform der Versicherungsteuer in der Sachverständigenanhörung am 5.10.2020 deutlicher Kritik ausgesetzt war, hat der Finanzausschuss des Deutschen Bundestags am 28.10.2020 mehrere Änderungen am Gesetzentwurf angenommen. Daneben hat das BMF den Parlamentariern den Entwurf eines Anwendungsschreibens vorgelegt, um Bedenken auszuräumen. Die wesentlichen Bestandteile des für Versicherungswirtschaft wie für versicherte Unternehmen wichtigen Gesetzes bleiben aber unverändert.

Das Gesetz zur Modernisierung des Versicherungsteuerrechts und zur Änderung dienstrechtlicher Vorschriften (VersStRModG) enthält in diversen Änderungen im Versicherungsteuergesetz wie auch in der zugehörigen Durchführungsverordnung u. a. eine Einschränkung der Steuerbefreiung im Hinblick auf bestimmte Personenversicherungen, **verstärkte Anzeige-, Mitwirkungs- und Informationspflichten des Versicherungsnehmers** sowie die verpflichtende Einführung der Abgabe elektronischer Steueranmeldungen für alle Steuerentrichtungsschuldner.

Die Einschränkung der Steuerbefreiung bestimmter Personenversicherungen soll nach der Beschlussvorlage des Finanzausschusses erst ab dem 1.1.2022 und damit ein halbes Jahr später als bislang vorgesehen gelten.

Insbesondere die geplante teilweise Einschränkung der Steuerbefreiung bestimmter Personenversicherungen war in der o.g. Sachverständigenanhörung auf teilweise heftige Kritik gestoßen. Die Kritikpunkte betrafen Detailfragen zum Umfang der Einschränkung in besonderen Konstellationen und praktische Fragen, insbesondere zur Abfrage entsprechender Informationen von den Versicherungsnehmern und zum laufenden Monitoring des Vertrags.

Hinweis

Diese Fragestellungen sollen durch ein umfassendes BMF-Schreiben nebst einem Prüfschema behandelt und somit eine gewisse Rechtssicherheit geschaffen werden. Wann mit einer Veröffentlichung des aktuell 12 Seiten umfassenden Entwurfs zu rechnen ist, ist derzeit unklar.

3 Änderungen für Arbeitnehmer

3.1 Erhöhung Entfernungspauschale

Als Ausgleich für Fernpendler wurde durch das Klimaschutzgesetz 2030 v. 21.12.2019 (BGBl 2019 I S. 2886) die Entfernungspauschale nach § 9 Abs. 1 Satz 3 Nr. 4 EStG angehoben. Für die Veranlagungszeiträume 2021 bis 2023 (befristeter Übergangszeitraum) gilt **ab dem 21. Kilometer** der Entfernung von der Wohnung bis zur ersten Tätigkeitsstätte ein um 5 Cent erhöhter Abgeltungsbetrag von **0,35 EUR pro Kilometer** und für die Veranlagungszeiträume 2024 bis 2026 ein Abgeltungsbetrag von **0,38 EUR pro Kilometer**. Auf den ersten 20 Kilometern gilt weiterhin der Abzug von 0,30 EUR je vollem Kilometer. Die Höchstgrenzenregelung von 4.500 EUR bleibt bestehen (§ 9 Abs. 1 Satz 3 Nr. 4 Satz 8 EStG).

Eine gleichlautende Regelung wurde für Familienheimfahrten im Rahmen der beruflich veranlassten doppelten Haushaltsführung eingeführt (§ 9 Abs. 1 Satz 3 Nr. 5 Satz 9 EStG). Auch hier gilt die Grenze von 20 Kilometern.

Hinweis
Zudem gelten die Regelungen entsprechend bei der Ermittlung der nicht abziehbaren Aufwendungen für die Wege des Steuerpflichtigen zwischen Wohnung und Betriebsstätte und für Familienheimfahrten (§ 4 Abs. 5 Satz 1 Nr. 6 Satz 4 EStG).

3.2 Mobilitätsprämie

Im Rahmen des Klimaschutzgesetzes 2030 v. 21.12.2019 (BGBl 2019 I S. 2886) wurde für Pendler, bei denen die Erhöhung der steuerlichen **Entfernungspauschale keinen steuerlichen Effekt** hat, alternativ eine sog. Mobilitätsprämie eingeführt (§§ 101–109 EStG). Hiernach haben Pendler die Möglichkeit, alternativ zu den erhöhten Entfernungspauschalen von 35 Cent ab dem 21. Entfernungskilometer eine Mobilitätsprämie in Höhe von **14 % dieser erhöhten Pauschale** zu wählen. Diese Maßnahme ist ebenfalls auf die Veranlagungszeiträume 2021 bis 2026 begrenzt.

Bemessungsgrundlage für die Mobilitätsprämie sind grundsätzlich die erhöhten Entfernungspauschalen von 35 Cent ab dem 21. Entfernungskilometer. Ein **Anspruch** besteht nur, **soweit** das zu versteuernde Einkommen, welches sich unter Berücksichtigung der erhöhten Entfernungspauschalen ergibt, **unterhalb des Grundfreibetrags** i. S. des § 32a EStG liegt. Die Mobilitätsprämie gilt zudem bei Arbeitnehmern nur, soweit deren gesamte Werbungskosten den Pauschbetrag von 1.000 EUR übersteigen.

Die Mobilitätsprämie muss **beantragt** werden. Hierzu reicht die Beantragung **innerhalb von vier Jahren** nach dem Jahr, indem der Anspruch entstanden ist. Die Mobilitätsprämie wird in einem Prämienbescheid festgesetzt und gehört nicht zu den steuerpflichtigen Einnahmen i. S. des EStG.

Hinweis

Das Jahressteuergesetz 2020 soll durch die Neufassung des § 105 EStG ermöglichen, dass die Mobilitätsprämie mittels Einkommensteuerbescheid festgesetzt wird (§ 105 EStG- E).

3.3 Neufassung des Pflichtveranlagungstatbestandes

Ebenfalls im Jahressteuergesetz 2020 vorgesehen ist die Neufassung des Pflichtveranlagungstatbestandes für Arbeitnehmer nach § 46 Abs. 2 Nr. 3 EStG bei Beitragserstattungen zu Krankenversicherung und gesetzlicher Pflegeversicherung von mehr als 410 Euro (Sockelbetrag) und Arbeitslohngrenze von 12.550 EUR (bei Zusammenveranlagung: 23.900 EUR) (§ 46 Abs. 2 Nr. 3 EStG-E). Die Änderung soll erstmals auf den laufenden Arbeitslohn anzuwenden sein, der für einen nach dem 31.12.2023 endenden Lohnzahlungszeitraum gezahlt wird, und auf sonstige Bezüge, die nach dem 31.12.2023 zufließen (§ 52 Abs. 1 EStG-E).

4 Änderungen für Kapitalanleger und Vermieter

4.1 Änderungen im Einkommensteuergesetz

4.1.1 Neufassung bei Zuteilung von Aktien

Nach der geltenden Fassung des § 20 Abs. 4a Satz 5 EStG sind unter bestimmten Voraussetzungen der Ertrag und die Anschaffungskosten der Aktien bei deren Zuteilung durch Aktiengesellschaften an ihre Anteilseigner mit Null Euro anzusetzen und die Besteuerung des Wertzuwachses erfolgt im Zeitpunkt der Veräußerung der eingebuchten Aktien. Nach der Neufassung der Norm durch das Jahressteuergesetz 2020 soll diese Vereinfachung nur bei **Zuteilung von Aktien durch ausländische Gesellschaften** gelten, sodass künftig bei Kapitalmaßnahmen ausländischer Gesellschaften Abwicklungsprobleme bei den Depotbanken vermieden werden (§ 20 Abs. 4a Satz 5 EStG-E).

Hinweis

Die Neufassung von § 20 Abs. 4a Satz 5 EStG ist für die Zuteilung von Anteilen anzuwenden, wenn diese nach dem 31.12.2020 erfolgt und die die Zuteilung begründenden Anteile nach dem 31.12.2008 angeschafft worden sind (§ 52 Abs. 28 Satz 19 EStG-E).

4.1.2 Beschränkung des Andienungsrechts auf Aktien

Sonstige Kapitalforderungen i. S. des § 20 Abs. 1 Nr. 7 EStG können nach aktueller Gesetzeslage ohne Gewinnrealisation in andere Wertpapiere umgewandelt werden (§ 20 Abs. 4a Satz 3 EStG). Dabei gehen die Anschaffungskosten der sonstigen Kapitalforderungen auf die neuen Wertpapiere – Aktien oder andere Wertpapiere – über. In einer Neufassung des Satzes 3 durch das Jahressteuergesetz 2020 wird die Regelung auf den Eintausch in Aktien beschränkt.

Hinweis

Die Neufassung der Regelung ist erstmals für Wertpapiere, die nach dem 31.12.2020 angedient werden, anzuwenden (§ 52 Abs. 28 Satz 19 EStG-E).

4.1.3 Abgeltungsteuertarif bei Anteilseignern

Nach der bisherigen Regelung des § 32d Abs. 2 Nr. 1 Buchst. b EStG unterliegen bestimmte Zahlungen einer Kapitalgesellschaft an ihren Gesellschafter (z. B. Zinsen nach § 20 Abs. 1 Nr. 7 EStG) dem progressiven Steuertarif des § 32a EStG (und nicht dem Abgeltungsteuertarif), wenn der Gesellschafter zu mindestens 10 % an der Gesellschaft beteiligt ist. Diese Kapitalerträge werden dann in der Veranlagung des Gesellschafters berücksichtigt.

§ 32d Abs. 2 Nr. 1 Buchst. b EStG soll im Jahressteuergesetz 2020 – analog § 32d Abs. 2 Nr. 1 Buchst. a EStG – um die zusätzliche **Voraussetzung für die Nichtanwendung des Abgeltungsteuertarifs** ergänzt werden, dass (bzw. soweit) die entsprechenden Aufwendungen auf Seiten der Gesellschaft Werbungskosten oder Betriebsausgaben im Zusammenhang mit Einkünften sind, die der inländischen

Besteuerung unterliegen und § 20 Abs. 9 Satz 1 zweiter Halbsatz EStG keine Anwendung findet (§ 32d Abs. 2 Nr. 1 Buchst. b Satz 1 EStG-E).

Die Neuregelung in § 32d Abs. 2 Nr. 1 Buchst. b Satz 1 EStG-E soll auf Kapitalerträge anzuwenden sein, die nach dem 31.12.2020 erzielt werden. Auf Kapitalerträge aus Darlehen an die Kapitalgesellschaft oder Genossenschaft, deren rechtliche Grundlage vor dem 1.1.2021 begründet wurde, soll die Neuregelung ab dem VZ 2024 anzuwenden sein (§ 52 Abs. 33b Satz 1 und 2 EStG-E).

Hinweis

Die Neuregelung wird mit der Gesetzesintention begründet, dass Gleichlauf der steuererhöhenden Wirkung der Kapitalerträge und der steuermindernden Wirkung der entsprechenden Betriebsausgaben hergestellt werden soll (Verhinderung der Ausnutzung des Abgeltungsteuersatzes). Hinsichtlich der Verluste oder Gewinne aus der Veräußerung einer Darlehensforderung des Gesellschafters sei der Ausschluss des Abgeltungsteuertarifs insoweit nicht gerechtfertigt, als den betreffenden Einkünften des Gesellschafters auf Seiten der Gesellschaft keine Betriebsausgaben gegenüberstehen.

4.1.4 Verbilligte Wohnraumüberlassung

Überlässt der Vermieter verbilligt eine Wohnung zu weniger als 66 % der ortsüblichen Miete, sieht § 21 Abs. 2 Satz 1 EStG in seiner derzeit geltenden Fassung eine **Aufteilung der Nutzungsüberlassung** in einen entgeltlich und einen unentgeltlich vermieteten Teil vor, wobei nur die auf den entgeltlich vermieteten Teil der Wohnung entfallenden Werbungskosten von den Mieteinnahmen abgezogen werden können.

Mit der Änderung in § 21 Abs. 2 Satz 1 EStG-E im Rahmen des Jahressteuergesetzes 2020 soll die Grenze für die Aufteilung der Wohnraumüberlassung in einen entgeltlich und in einen unentgeltlich vermieteten Teil **auf 50 %** der ortsüblichen Miete **herabgesetzt** werden.

Beträgt das Entgelt 50 % und mehr, jedoch weniger als 66 % der ortsüblichen Miete, soll allerdings eine **Totalüberschussprognoseprüfung** vorzunehmen sein. Fällt diese Prüfung positiv aus, ist für die verbilligte Wohnraumüberlassung Einkünfteerzielungsabsicht zu unterstellen und der volle Werbungskostenabzug möglich. Führt sie hingegen zu einem negativen Ergebnis, ist von einer Einkünfteerzielungsabsicht nur für den entgeltlich vermieteten Teil auszugehen und die Werbungskosten können nur für diesen Teil anteilig abgezogen werden.

Bei einem vereinbarten Mietzins von **mindestens 66 %** der ortsüblichen Vergleichsmiete soll die Einkünfteerzielungsabsicht hingegen nicht überprüft werden müssen (Vollentgeltlichkeitsgrenze).

Hinweis

§ 21 Abs. 2 Satz 1 EStG-E tritt am 1.1.2021 in Kraft (Art. 34 Abs. 3 des Änderungsgesetzes) und wäre entsprechend über die allgemeine Anwendungsregelung des § 52 Abs. 1 EStG-E erstmals für den VZ 2021 anwendbar.

4.1.5 KESt-Abzug bei Kapitalanlage über eine Internet-Dienstleistungsplattform

Die durch Jahressteuergesetz 2019 (BGBl 2019 I S. 2451) eingeführte Neuregelung in § 43 Abs. 1 Satz 1 Nr. 7 Buchst. c EStG bestimmt, dass die Einkommensteuer auf Zinsen auch dann durch Abzug vom Kapitalertrag erhoben wird, wenn die Zinsen aus einer Forderung stammen, die über eine Internet-Dienstleistungsplattform erworben wurde (z. B. **Crowdlending**). Ergänzend hierzu ist nach § 44 Abs. 1 Satz 4 Nr. 2a Buchst. a EStG der inländische Betreiber einer Internet-Dienstleistungsplattform oder die inländische Zweigniederlassung eines ausländischen Betreibers die für den Kapitalertragsteuereinbehalt verantwortliche auszahlende Stelle. Ergänzend wird durch § 44 Abs. 1 Satz 4 Nr. 2a Buchst. b EStG sichergestellt, dass der Kapitalertragsteuerabzug auch in den Fällen erfolgt, in denen der Plattformbetreiber ein inländisches Kredit- oder Finanzdienstleistungsinstitut oder eine inländische Zweigniederlassung mit der Auszahlung der Kapitalerträge an den Gläubiger beauftragt hat.

Hinweis

Die beiden Vorschriften sind erstmals auf Kapitalerträge anzuwenden sein, die dem Gläubiger nach dem 31.12.2020 zufließen (§ 52 Abs. 42 Satz 2, Abs. 44 Satz 1 EStG).

4.2 Änderungen im Investmentsteuergesetz

4.2.1 Einlage eines Investmentanteils in ein Betriebsvermögen

§ 22 InvStG fingiert die Veräußerung eines Investmentanteils und Wiederanschaffung am Folgetag, wenn sich der anwendbare Teilfreistellungssatz ändert. Als Veräußerungserlös und Anschaffungskosten soll laut Jahressteuergesetz 2020 nach § 22 Abs. 2 Sätze 3 bis 6 InvStG-E bei Einlage von Investmentanteilen in ein Betriebsvermögen der Einlagewert i.S. des § 6 Abs. 1 Nr. 5 Satz 1 2. Halbsatz Buchst. c EStG angesetzt werden (Teilwert; höchstens mit AK/HK).

Als AK/HK (Bewertungsobergrenze) sollen dabei nach § 22 Abs. 2 Satz 4 InvStG-E die nach § 22 Abs. 2 Satz 1 bis 3 InvStG ermittelten Werte gelten. Soweit dieser Wert höher ist als der Wert vor der fiktiven Veräußerung, sollen die Wertminderungen nach § 22 Abs. 2 Satz 5 InvStG-E und in diesem Rahmen liegende Wertaufholungen nach § 22 Abs. 2 Satz 6 InvStG-E erst zum Zeitpunkt der tatsächlichen Veräußerung berücksichtigt werden.

Da der Wert nach § 22 Abs. 2 Satz 3 und 4 InvStG-E **in der Steuerbilanz anzusetzen** ist, ändert sich auch die Bemessungsgrundlage für spätere Teilwertabschreibungen und Wertaufholungen. Die aufgedeckten – noch nicht realisierten – stillen Reserven werden durch eine steuerliche Rücklage kompensiert, sodass es zu keiner abweichenden Ertragsrealisation kommt (§ 22 Abs. 2 Satz 4 InvStG-E) und der **Ansatz passiver latenter Steuern** nach § 274 HGB **unterbleibt**. Die Neuregelung ist insoweit inhaltsgleich zur Übergangsregelung in § 56 Abs. 2 InvStG.

Hinweis

Die vor der **Einlage im Privatvermögen** erzielten Wertsteigerungen, die den für Privatanleger geltenden Teilfreistellungssätzen unterliegen, sollen nach § 22 Abs. 3 Satz 2 InvStG-E auch mit dem Abgeltungssteuersatz nach § 32d EStG besteuert werden, wenn die Investmenterträge im Zeitpunkt der fiktiven Veräußerung den Kapitaleinkünften i.S. des § 20 Abs. 1 Nr. 3 EStG zuzuordnen wären und keine abweichende Zuordnung zu anderen Einkunftsarten nach § 20 Abs. 8 EStG erfolgt. Kommt es nach der Einlage ins Betriebsvermögen zu weiteren fiktiven Veräußerungen nach § 22 Abs. 1 InvStG, ist jeder Veräußerungsgewinn gesondert zu betrachten.

4.2.2 Semitransparente Einkünfteermittlung bei mehrstufigen Spezial-Investmentfondsstrukturen

Seit der Investmentsteuerreform war bisher unklar, ob bei vorher h.M. eine semitransparente Einkünfteermittlung auch über mehrere Fondsstufen anerkannt wird. Bei § 37 Abs. 2 Satz 1 InvStG-E handelt es sich um eine gesetzliche Klarstellung aus dem Jahressteuergesetz 2020, da es erklärter gesetzgeberischer Wille bei der Investmentsteuerreform war, dass bei den Spezial-Investmentfonds das bisherige Besteuerungssystem in seinen wesentlichen Merkmalen fortgeführt wird. Das heißt, eine mehrfache Semitransparenz soll weiterhin bestehen.

Die **mehrfache Semitransparenz** soll sich auch auf **Absetzungsbeträge** i.S. des § 35 Abs. 4 Satz 2 InvStG auswirken, nicht jedoch auf Zurechnungsbeträge und Immobilien-Zurechnungsbeträge, deren Charakter in der Substanz des Dach-Spezial-Investmentfonds untergehen soll (§ 37 Abs. 3 InvStG-E).

Hinweis

In § 37 Abs. 2 Satz 2 InvStG-E soll klargestellt werden, dass nur die von unmittelbar gehaltenen Spezial-Investmentanteilen erzielten Gewinne steuerfrei thesauriert werden können und nicht z.B. die von einem Ziel-Spezial-Investmentfonds ausgeschütteten Erträge nach § 35 InvStG und ausschüttungsgleiche Erträge nach § 36 Abs. 1 InvStG.

Die Änderungen im Investmentsteuergesetz sind nach § 57 Abs. 2 InvStG-E ab dem 1.1.2021 anzuwenden.

Stichwortverzeichnis